Alineada con Dios

Porque no hay nada que me aleje del amor de Dios

Por Olga I. Ríos

por el gozo puesto de él sufrió la cruz, menospreciando el oprobio, y se sentó a la diestra del trono de Dios", Hebreos 12:2

Introducción

Si me hubieras dicho cinco años atrás que iba a escribir un libro, me hubiese reído. Sin embargo, por diferentes circunstancias y por procesos que he pasado en mi vida, sé que es algo que debo compartir con ustedes con la finalidad de que sea una bendición para todos. Sin duda alguna, el transcurso ha sido arduo y muy doloroso. A causa de tantos procesos de quebrantamiento puedo testificar que no soy la misma persona que llegó un día a los pies de Cristo.

Dios, igual que a Elías, me llevó a Querit para que aprendiera a confiar en su protección, al igual que a Sarepta para formar mi carácter. Créeme, después de sufrir este proceso no puedes seguir siendo la misma persona. Él hizo lo que estaba destinado a hacer en mí.

Agradezco de todo corazón a todas esas personas que me motivaron a compartir mi historia. Muchos, emocionados hasta las lágrimas, me exhortaron y me dieron el valor para plasmarlas en un libro. A continuación, vas a encontrar diferentes experiencias que viví y que han forjado mi caminar con Cristo. ¡Espero que estas sean de mucha bendición en tu vida!

Con amor,

Pastora Olga Ríos

"Dios mío, tu fuiste quien me formo en el vientre de mi madre. Tu fuiste quien formo cada parte de mi cuerpo".

Salmos 139:13 (Traducción Lenguaje Actual)

Identidad

Conocer tu identidad te lleva al Éxito

Dios manifestó su amor a la humanidad al enviar a su único hijo para que vivamos por medio de él, y para que vivamos por él, 1 Juan 4:9-10(La Biblia del Siglo de Oro). Todo lo que necesitamos para vivir se encuentra en la Cruz, pero Cristo no se quedó ahí porque Él se levantó para que ahora tu y yo podamos llevar una vida victoriosa. La única manera de lograr una vida victoriosa y de que prosperemos en todo, es escoger el único camino, la única verdad que es Cristo. A medida que nos acercamos más a Él conoceremos más de nosotros. De igual manera, mientras conozcamos más de Él seremos transformados, habrá menos de nosotros, por consecuencia tendremos una vida de acuerdo con Su voluntad.

La meta de nosotros como hijos de Dios debe ser conocerlo más, que Él siga creciendo y que nosotros menguemos. Ahí está el punto importante: ¡que cada día seamos más imitadores de Cristo, y que nos mantengamos firmes en el propósito!

Lo que soy y lo que porto, Están relacionados.

La Identidad de un hombre consiste en la coherencia entre lo que es y lo que piensa. Charles Sanders Pierce (Filósofo), dijo que tiene que haber una relación entre lo que soy y lo que yo pienso que soy. En una ocasión, Jesús andaba con los discípulos y preguntó: "¿Quién dice la gente que soy?" "Bueno-le respondieron-algunos dicen Juan el Bautista; otros, que eres Elías; y otros, que eres Jeremías o alguno de los profetas". (Mateo 16:13-14, Marcos 8:27-29 NVB).

Entonces, ¿cuál es la respuesta ?, Juan 14:6 (NVB) nos indica la respuesta: "Yo soy el camino, la verdad y la vida, nadie viene al Padre, sino por mí".

Es necesario que sepas quién eres, porque el enemigo busca que desconozcas tu identidad y lo que portas. Hasta ahora Dios te ha guardado y protegido, Él te escogió desde antes de la fundación del mundo.

Por eso, es que el enemigo te ataca tanto porque busca:
1. desanimarte
2. que te detengas
3. paralizarte, por eso es fundamental que sepas quién eres.

> Cuando no conoces tu llamado, eres un Saulo de Tarso.

Hechos 9:3-10 (RVC) nos dice que de pronto en el camino, ya cerca de Damasco, Saulo fue rodeado de un poderoso haz de luz que venía del cielo y que lo hizo rodar por tierra. Mientras oía una voz que le decía "¿porque me persigues?" Y él contestó: "¿Quién eres Señor? Y la voz le dijo: "yo soy Jesús a quien tu persigues". Saulo le dijo: "¿Qué quieres que yo haga? Dios le dijo: "Levántate y entra en la ciudad, allí se te dirá que debes hacer". Lo llevaron de la mano a Damasco y estuvo tres días sin ver ni comer. Ananías también tuvo una visión. Dios le dijo: "es para mí instrumento escogido" (v.15). "El Señor Jesús que se te apareció en el camino me ha enviado para que recobres la vista y seas lleno del Espíritu Santo. Al momento, de los ojos de Saulo cayó algo que parecían escamas y este recibió la vista". (v.17-18). Saulo, apartado desde el vientre de su madre, no sabía que era instrumento escogido hasta que tuvo un encuentro con Dios. En este momento Saulo descubrió su identidad y su propósito.

QUIEN SOY

El hecho de que no sepas quién eres, no cambia tu esencia, ni cambia para que fuiste diseñado. El utilizar la lavadora de platos para guardar cosas no cambia la razón para lo cual fue diseñada. Aún, cuando la siga utilizando como un almacén, su propósito no cambia porque yo la esté utilizando de una forma que no va de acuerdo con lo que es. Seremos más efectivos cuando actuemos coherentemente con el propósito por el cual fuimos creados. De hecho, si no quieres vivir en coherencia con quién eres, ESO no cambia tu esencia.

 ¿Cómo ejercer influencia sobre otras personas?
Teniendo una idea clara de lo que Dios espera de nosotros y comprendiendo cómo Dios nos ve.

La palabra de Dios dice en 1 Corintios 12:15-16 que somos un solo cuerpo, cada uno con funciones, cada uno necesario para el cuerpo.

1.   Eres necesario.
2.   Eres portadora de la autoridad de Dios
3.   Eres creación de Dios (génesis 1:26)
4.   Diseñada para hacer el bien y
5.   Dentro del pueblo de Dios, eres sacerdocio real.

En Hechos 9:13-15-se reitera el hecho de que somos escogidos por Dios. En este versículo, Ananías hablando de Pablo expresa lo que Dios le dijo, "he oído de muchos acerca de este hombre, cuantos males ha hecho a tus santos en Jerusalén; y aun aquí tiene autoridad de los principales sacerdotes para prender a todos los que invocan tu nombre. El Señor le dijo: "Ve, porque instrumento escogido me es este, para llevar mi nombre en presencia de los gentiles, y de reyes, y de los hijos de Israel".

UNA IDENTIDAD DE ACUERDO AL DISEÑO ORIGINAL
La palabra diseño significa Creación Original de una obra. Aquí te comparto cinco verdades que definen tu identidad y que son fundamentales para tu crecimiento espiritual.

Verdad #1: Eres una creación de Dios
Eres creación de Dios, y si confesares con tu boca que Jesús es el Señor, y creyeres en tu corazón que Dios le levantó de los muertos, serás salvo. Por lo tanto, serás llamado hijo de Dios.

Así de simple es la Salvación. Pasas a ser un hijo de Dios no por obras sino por lo que crees y confiesas. Ahí naces de nuevo y en esa nueva vida tienes que aprender a ser hijo. Jesús vino como hijo para que aprendamos a vivir como hijos. Muchas veces no alcanzamos nuestro potencial porque no tenemos un concepto correcto acerca de nosotros y de nuestra identidad y no nos vemos como Dios nos ve.

Es necesario que con la ayuda de Dios nos veamos como Él nos ve. A veces no nos valoramos a causa de palabras que nos dijeron en nuestra niñez, o por experiencias que nos dejaron marcados.

Esto nunca fue parte del plan original de Dios para nuestras vidas.

Muchas veces actuamos de acuerdo con las experiencias que hemos tenido, y en eso se basa nuestra identidad. Es importante que tu identidad este definida de acuerdo con esta verdad, ¿cuál es esta verdad? Dios te ama y el precio para que tengas una vida como Dios la diseñó ya fue pagado. Una gota de su sangre fue más que suficiente para hacerte hijo y perdonarte. Hoy esta verdad sigue teniendo el mismo efecto en tu vida.

Dios te ama enormemente y eso lo demuestra lo que hizo por ti en la Cruz. Su sacrificio no fue en vano. Si no tienes idea acerca de tu identidad, algo importante que debes saber, es que cuando Dios pone su mirada en ti es para escogerte, levantarte y calificarte.

Es importante que no critiques a alguien que Dios ha escogido, Ananías cuando escucho lo que Dios le dijo de Saulo de Tarso creyó y hecho a un lado su propia opinión.

 ¡Cuidado a quién criticas en medio de tus procesos!

A veces el proceso no deja que te des cuenta de que Dios ha puesto sus ojos en ti y te ha escogido. Y muchas veces no permite que te des cuenta de que es Él quien te tiene de pie.

Frecuentemente nos encontramos en un camino donde no debemos estar. A veces estamos en Tarsis cuando deberíamos estar en Nínive. Jonás fue enviado a Nínive para una misión especial. Sin embargo, el decidió tomar un barco hacia Tarsis para alejarse de Nínive. Es importante señalar que Nínive simboliza ser obediente y Tarsis simboliza la desobediencia. En el caso de Saulo fue necesario que este saliera del camino en que estaba, se levantará y comenzará a depender de Dios.

Sabes, cuando nadie creía en ti, hubo alguien que te miró y te escogió. Él estará a tu lado hasta el fin. El problema es que hay gente que se enamoran del camino, porque ahí se sienten seguros. Pero el panorama tiene que cambiar. Después de un encuentro con Dios no vas a ser el mismo. En este camino junto a Él vas a tener que ser valiente.

Lo que has vivido es muy difícil, pero te has concentrado tanto en el problema que no te has dado cuenta que llegó el Rey de Reyes. Cuando Marta y María recibieron la visita de Jesús, Marta estaba tan preocupada por servir que se olvidó de la mejor parte: estar a los pies del Maestro. Y si cuando estas a sus pies lo sientes como una carga en vez de como un placer y un privilegio, vas a perder de perspectiva de lo principal: ¡El gozo!

Por eso es necesario que veas la situación desde arriba. Para esto hay un término que se utiliza mucho en consejería y es ver las cosas como si la estuvieras viendo desde lo alto. Si imaginaras estar en un helicóptero o en un avión, te fijarás que puedes ver las cosas como si fueran más pequeñas. No te fijas tanto en los detalles porque no los puedes distinguir. Por lo tanto, cuando vemos las cosas desde arriba no estamos tan emocionalmente envueltos, y podemos ser más objetivos.

Para la persona que esta emocionalmente envuelta en una situación difícil se le dificulta ver una solución o ver las cosas claramente. Sin embargo, para alguien que no está involucrado en la situación, la puede ver de manera objetiva y distinguir las alternativas.

Imagina que estás dentro de una caja, y que no tienes salida. Lo único que puedes hacer es mirar hacia arriba, poner la mirada en Dios, porque es el único que te puede ayudar.

Te exhorto a que te agarres de la Palabra y vuelvas a intentarlo.

Cuando me hablaron la primera vez de Dios, no le di la debida importancia, era apenas una preadolescente. No valoré el mejor regalo que pude haber recibido en toda mi vida, el que cambiaría mi vida, mi destino, mi familia y mi generación. Sin embargo, el 16 de enero del 2002, cuando tuve un encuentro con el Maestro, el Caballero de la Cruz, todo cambió.

Hoy todo en mi vida gira en torno de Dios.

Similarmente a cuando ofreces un regalo, a quien se lo entregas puede reaccionar de las siguientes maneras: lo puede recibir con alegría, puede recibirlo, pero no les gusta y/o sencillamente no le dan la importancia. Esperamos con ansias que abran el regalo, y nos sentimos más felices que la persona que lo recibe. Así mismo pasa cuando recibimos a Jesús como Salvador.

Ese es el más hermoso regalo que Dios nos ha dado. Sabes. el amor de Dios es tan grande que dio lo más preciado, su único hijo, por ti (Juan3:16).

Ahora me voy a dirigir al grupo que lo recibió con alegría y con agrado. De esto ya ha pasado mucho tiempo. Pregúntate si todavía valoras el regalo o te molesta haberlo recibido. Ahora te quejas constantemente de reuniones de oración, actividades de evangelismo, etc.

Si para ti cada domingo es un pesar y llegas apenas cinco minutos antes del servicio. Si se ha vuelto tedioso lo que representa este regalo, pregúntate, porque está sucediendo esto. ¿Qué cambió la alegría, de este regalo?

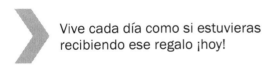

Vive cada día como si estuvieras recibiendo ese regalo ¡hoy!

Por eso el salmista dijo: "mira en el fondo de mi corazón y pon a prueba mis pensamientos, dime si mi conducta no te agrada, y enséñame a vivir como quieres que yo viva". Todos los pensamientos que Dios tiene acerca de nosotros son pensamientos de paz.

Eres único (a). Si sabes quién eres delante de Dios, no tienes que defenderte cada vez que el enemigo se levanta en tu contra. Cada vez que Dios te mira, Él ve a su hijo mayor en ti. Tu hueles a su hijo mayor. Eres un perfume grato cuando lo adoras, y cada conducta de obediencia a Dios es un acto de adoración hacia Él.

Como nos enseña su palabra, Dios nos hizo. Somos su pueblo, ovejas de su prado-lugar agradable, llano y cubierto de hierba, del que se puede gozar, Salmos 100:3, NVI.

Cuando David fue a encontrarse con sus hermanos se encontró con una sorpresa. Un hombre de gran estatura estaba amenazando al pueblo de Israel. El pueblo estaba intimidado y el miedo los había paralizado. Parecía que su memoria había borrado las grandes maravillas que habían visto y todo lo que Dios había hecho por ellos.

Sin embargo, cuando David lo enfrentó confiando en Dios los primeros que dudaron fueron sus hermanos. Recuerda, cada vez que alguien te tenga en poco, Dios es quien da la victoria. Cuando tengas una batalla, siempre va a haber un Eliab lleno de ira, que no cree en ti. También va a haber un Saúl que te apoyará, aunque pienses que no estas capacitado. Encontrarás a un Eliab que va a desanimarte, acusarte y hacerte sentir que nunca va a haber una promoción para ti. David, aunque era el más joven, había actuado con un gran sentido de madurez. Su identidad estaba definida y su confianza estaba puesta en Dios.

Tal vez otro en su lugar se hubiera puesto a discutir, sin embargo, David demostró mucho dominio propio. Saúl le dijo que era muy joven. Te exhorto a que no te detenga tu falta de experiencia.

David era diligente, interesado por el bien de su rebaño, daba la vida por ellos. Tu valor no está en lo que la gente percibe o piensa de ti, porque la gente tiende a mirar las apariencias. Tu valor tampoco está en cuantos "me gusta" le dan la gente a lo que publicas en una página de redes sociales. Tu valor y tu fundamento está en la roca que es Cristo. Tu belleza está en lo incorruptible, en lo que viene de tu corazón, 1 Pedro 3:3-4, NVI.

Retomemos la historia de Eliab, uno de los hermanos mayores de David. Este formaba parte del ejército de Saul para pelear contra los filisteos (1 Samuel 17:13-28). Eliab se enojó al escuchar a su hermano menor indagar acerca de la recompensa que se le entregaría a quien venciera al filisteo.

Amados hermanos siempre van a haber un Eliab que va a cuestionar tus capacidades, que va a tratar de insinuar que estas fuera del lugar que te corresponde. Y vemos en esta historia como él le cuestiona acerca de las ovejas que se supone que David estaba cuidando. Cuando esto te suceda, recuerda apartarte de Eliab. Él va a tratar de impedir que cumplas tu propósito. Lo más importante es que recuerdes que Dios está contigo y te dará la victoria.

La determinación de David llegó a los oídos del rey Saul. Dice la Palabra en 1 Samuel 17:31, que "el rey mandó a llamarlo". El Rey de Reyes te manda a llamar hoy y te dice que te apartes de todo lo que es contrario a su voluntad. Que le cuentes a Saúl de la fidelidad de Dios, de Su protección, y Su amor.

Sin identidad quedarás excluido. Números 27 nos relata que las hijas de Zelofehad, Maala, Noa, Hogla, Milca y Tirsa, lucharon por lo que les pertenecía. Ellas lograron cambios que no sólo beneficiaron a su familia, sino que ayudaron a las generaciones venideras.

Hermano, te digo que cuando presentas tu causa delante de Dios, él se encargará de ti, por eso ¡No morirás en el desierto!

Hay gente que sitúan su identidad en lo que poseen. Sin embargo, recuerda que tu identidad no depende de tu educación, tu trabajo o de los bienes materiales que tengas. Tampoco de la ropa o cartera de diseñador que puedas comprar. Lo que da valor a tu vida es la sangre que fue derramada por ti en una cruz. Naciste por la voluntad de Dios y hasta que no entiendas esto tu vida no tendrá sentido.

El punto de partida siempre debe ser Dios, que Él te use para sus propósitos. Dios te dice hoy: soy tu creador, creado a mi imagen, te cuidé antes que nacieras, y te amo profundamente, ¡te amo tanto! Hoy quiero que retomes tu identidad y que todo lo que has adoptado que no proviene de mí lo dejes ir.

La Palabra dice que cuando se conviertan al Señor el velo se quitará. Donde está el espíritu de Dios hay libertad, y seremos transformados. Tu familia será transformada, tu ciudad será transformada, tu país será transformado pero estos cambios solo sucederán cuando sigan al Señor.

Ya tú estabas en el corazón de Dios desde antes de la fundación del mundo, estabas en su mente, no eres un accidente, ni fuiste un error.

¿Por qué debes saber quién eres?

La razón principal por lo cual es importante que tengas claro tu identidad es porque el enemigo está buscando opacarte. La identidad es la circunstancia de ser una persona o cosa en concreto y no otra, determinada por un conjunto de rasgos o características que la diferencian de otras; conjunto de rasgos o características de una persona o cosa que permiten distinguirla de otras en un conjunto; (Diccionario General de la Lengua Española, 2006 Vox).

Aunque este no puede lograr que abortes tu propósito, el busca malignamente atrasarte. Uno de los métodos más eficaces que utiliza para lograr esto es el engaño.

El enemigo busca engañarte sembrando duda acerca de quién eres en el Señor. El ambiciona que dudes de tus capacidades, y que pienses que Dios te ha abandonado. Además, quiere que pienses que no eres amada(o), que no vale la pena luchar. Finalmente, que pienses que las promesas de Dios no se van a cumplir en tu vida.

Una cosa debes de recordar Dios te ama infinitamente. Procura estar alerta ante las artimañas del enemigo, tan poco originales. Es por eso que cada una de las palabras en la Biblia tiene un propósito y un valor inconmensurable. Marcos 13:5-6 nos dice que Jesús, respondiéndoles a Pedro, Jacobo, Juan y Andrés, comenzó a decir: "Mirad que nadie os engañe, porque muchos vendrán en mi nombre, diciendo: Yo soy el Cristo; y engañaran a muchos".

Otras veces tenemos una percepción errónea de nosotros mismos. Por ejemplo, Moisés se creía torpe de labios, sin embargo, llego a ser un gran líder. Mi recomendación es que dejes de estar poniéndote sobrenombres, y comiences a mirarte como Dios te ve: "linaje escogido, real sacerdocio, nación santa, pueblo adquirido por Dios. Escogido para que anuncies las virtudes de aquel que nos llamó de las tinieblas a su luz admirable", 1 Pedro 2:9 (Reina Valera 1960).

Hijo de un Dios verdaderamente misericordioso. Y para cumplir tu propósito, es necesario que renueves tu mente al diseño original.

Por eso José, al estar frente a sus hermanos no se dejó llevar por el pasado, e hizo lo correcto. Al estar su mente renovada, en su corazón no había amargura. Esto le permitió perdonar y comprender que todo lo que sucedió obró para bien. Es importante señalar que cada empujón o golpe de la vida te impulsará a tu destino profético.

Verdad #2- ¿Para qué fuiste creado?

"Dios es dueño de toda la tierra y de todo lo que hay en ella; también es dueño del mundo y de todos sus habitantes" Salmos 24:1.

Todo en la tierra es de Dios. Todo fue creado por y para Dios, por lo tanto, para saber quién eres y cuál es tu propósito debes ir a tu creador. La Palabra dice que la tierra estaba desordenada y vacía más Dios creó todo, y lo puso en orden. Cuando pensaste que ya nada se podía hacer, Dios ha llegado para dar forma, un sentido real y orden a tu vida.

Él nos creó y nos dijo: "Sean fructíferos y multiplíquense. Que los peces llenen los mares y las aves se multipliquen sobre la tierra" Genesis 1:22 (Nueva Traducción Viviente). El deseo de Dios es para ejercer potestad, todo esto para que lleváramos a cabo esta tarea: "Id por todo el mundo y predicad el evangelio a toda criatura", Marcos 16:15, (Reina Valera 1960).

Desde el Edén, lugar de deleite, felicidad, Dios nos muestra que hemos sido diseñados para estar acompañados.

Aun desde el principio, Dios dijo que no es bueno que el hombre este solo. Además, nos dio directrices de como relacionarnos los unos con los otros.

Él nos exhorta a estar en un mismo sentir, la palabra nos exhorta a que vivamos en plena armonía unos con otros, Romanos 15:5, NTV.

Cuando al igual que Gedeón te preguntes, ¿porque nos ha sobrevenido todo esto? y te sientas desamparado, recuerda que Dios te está mirando y está contigo. Es por lo mismo que Dios le dijo "ve con esta tu fuerza". Jueces 6:14, (Reina Valera 1960). ¿Sabes a cuál fuerza se refería Dios? a su palabra, a la promesa que Él estaría a su lado. Por eso para derrotar a los madianitas no necesitas de una gran cantidad de personas., No se trataba de ser los más fuertes. Se trata de la fuerza de Dios. Por eso lo primero que Dios dijo son demasiados, y sacó a los que temían. Los que se arrodillaron para beber las aguas los envío a su lugar y el que lame como perro las aguas fueron los que se quedaron para pelear con los madianitas.

Lo que Dios va a hacer no tiene nada con ver con multitudes que no están dispuestos a un compromiso. Esto tiene que ver con unos pocos que estén dispuestos a obedecer, que quieran que su fe crezca aun cuando lo tenga de frente parezca intimidante. Te pregunto, ¿estás dispuesto a creer más allá de lo que te dice un médico? ¿estás dispuesta a creer que tu matrimonio se puede restaurar? ¿verdaderamente crees con todo tu corazón que tu hijo, que esa hija rebelde es alma de salvación? Dios lo puede hacer, ten la confianza que aun cuando el panorama se ve lleno de obstáculos, Dios abrirá caminos. Dios abrirá puertas, pero tienes que creer y seguir caminando en obediencia. Dios cumplirá sus promesas y el cumplirá su propósito en ti, en tu matrimonio, en tus hijos, en tu familia, en tu ciudad, en tu país, y en el mundo.
El plan de Dios siempre ha sido que todo lo que hagamos lo hagamos por, con y para Él. Porque todo, absolutamente todo en el cielo y en la tierra, visible e invisible comenzó en Él y para Sus propósitos. Colosenses 1:16.

La palabra dice en 2 Corintios 5:15- " y por todos murió para que los que viven, ya no vivan para sí, sino para aquel que murió y resucito por ello, (Reina Valera 1960)

Verdad #3 -Hay cosas que Roban Tu Identidad

El mundo está lleno de muchas buenas intenciones que nunca se llevaron a cabo. El cementerio está lleno de muchas personas que tenían grandes ideas, pero nunca las ejecutaron. La razón principal por la cual no se cristalizaron las buenas ideas, es porque hubo una interrupción entre el pensamiento y el llevar a cabo la acción. Porque la acción se quedó en ser solo un pensamiento, y en una intención que no se llevó a cabo. Yo sé que muchas veces queremos hacer algo, pero se presentan situaciones que impiden que puedas llevar a cabo ese sueño. Hay cosas que no te dejan disfrutar plenamente quién eres, y que no te dejan ver tu verdadera identidad en Cristo. A continuación, hablaré de algunos elementos que roban tu identidad.

1. Las distracciones

No dejes que el ruido te distraiga (Daniel, Gedeón, Deborah, Nehemías). Estos siervos de Dios no se dejaron distraer por el ruido. Ellos pudieron permanecer firmes aun cuando todo parecía apuntar a que el final iba a ser difícil. Daniel continúo orando y dando gracias a Dios como solía hacer ante el edicto del rey Darío. Aun cuando esto le costó ir al foso de los leones. Gedeón tenía con él 32,000 soldados para enfrentar a los madianitas, ¿qué diría usted? una victoria segura, ¿verdad? pero la realidad es que la Matemática de Dios es diferente a la de nosotros. Él enfrentó a los madianitas con solo 300 hombres, y Dios le dio la victoria. Deborah fue quien acompaño a Barac en la batalla con Sisara, también salieron victoriosos. Nehemías no se dejó amedrentar por Tobías y Sanbalat quienes querían evitar la reconstrucción de los muros de Jerusalén. Por eso te exhorto a que no te enfoques en la situación actual. Pon tus ojos en Dios quien sin duda de dará la victoria.

2. La Competencia:

No tienes que competir. Cristo ya hizo el esfuerzo por ti, no tienes que probar quién eres. No tienes que imitar a nadie, porque cada uno de nosotros es único. Dios trabaja con cada persona de una forma individual, por eso el lugar que está reservado para ti nadie lo va a poder ocupar, hasta que tu llegues. Confía en cada uno de los dones y talentos que Dios te ha dado. Ellos son las herramientas para cumplir tu propósito.

3. El Pasado no Resuelto:

No Vivas en el Pasado. Recuerda que nadie es perfecto. Este es un nuevo comienzo. Isaías 43:18-19 (Reina Valera 1960)

a. Por eso es importante que si ya saliste de Egipto no continúes añorando lo que dejaste atrás, Números 11:4-6, Josué 3 dice que el pueblo paso el Jordán.

b. Olvidando lo que quedó atrás, Filipenses 3:13-15, RVR 1960

c. Limpia el almacén de tu alma-olvido lo que quedo atrás y extendiéndome a lo que está delante. Filipenses 3:13-15.

El mirar atrás nos impide llegar a nuestro destino. No te enfoques en lo que quedo detrás sino en lo grande y maravilloso que te espera.

4. La Amargura:

La amargura es un sentimiento duradero de frustración, resentimiento o tristeza, por haber sufrido una desilusión o una injusticia (Diccionario de la Lengua Española Vox, 2006). Me llama la atención que cuando hablamos de frustración, resentimiento o tristeza, no es una distracción si es algo temporero. Ahora si lo dejamos estacionar en nuestro corazón esto es lo que trae tristeza.

Así que te animo que si te quedaste estacionada(o), quita el carro de "parking" y comienza a moverte hacia lo que Dios quiere para ti. No contamines tu corazón con un sentimiento de amargura y recuerda hacer lo correcto aun cuando reciban un trato injusto, 1 Pedro 2:19-20, NTV.

5. La Culpa:

La culpa es una falta o delito que comete una persona de forma voluntaria; responsabilidad o causa de un suceso o de una acción negativa o perjudicial que se atribuye a una persona o a una cosa (Diccionario de la Lengua española Vox, 2006).

La Palabra nos enseña que el pecado nos aleja de Dios y trae sentimientos de culpa. Solo un arrepentimiento verdadero nos acercara a nuestro Padre celestial. Tu futuro no puede ser controlado por tu pasado. David cometió errores, pero estas equivocaciones no impidieron que el siguiera adelante. David fue definido como un hombre según el corazón de Dios.

Caín mató a su hermano Abel, y fue echado de la tierra (Génesis 4:14) La culpa te separa de Dios y la vida sin Dios no tiene sentido. La Versión de la Biblia Dios habla hoy dice en Génesis 4:12 "aunque trabajes la tierra, no volverá a darte sus frutos. Andarás vagando por el mundo, sin poder descansar jamás".

Hermanos, ir por la vida sin rumbo, sin propósito, esto verdaderamente si sería una vida triste y sin sentido. Arrepiéntete y deja la culpa atrás, Dios no quiere que seamos prisioneros de nuestro pasado.

6. La Opresión:

La opresión es la acción de oprimir; oprimir es ejercer presión (alguien o algo) sobre una cosa; ejercer sobre alguien una autoridad excesiva o injusta (Diccionario Lengua Española Vox, 2006). Por esto el Señor nos exhorta a quitar todo peso que nos impida correr, Hebreos 12:11, NTV- todo lo que impida que yo pueda lograr un crecimiento normal en el Señor lo tengo que entregar a Dios para que sea el quien tome el control.

7. La Religiosidad:

La religiosidad complica desarrollar mi identidad en Dios al alejarnos del mandamiento de amar a nuestro prójimo como a nosotros mismos. El hecho de usted pensar o sentirse superior a su hermano en Cristo habla mucho de la actitud y de lo que hay en su corazón.

Muchas veces nos ponemos cadenas nosotros mismos que están muy lejos de lo que Dios quiere para nosotros. Dios quiere que vivamos una vida y un estilo de vida en obediencia.

La religión impide el fluir normal. La oración del fariseo habla de la actitud de su corazón, de su orgullo mientras que el publicano mostró su humildad. La palabra dice que Dios mira de lejos al altivo (Lucas 18:9-14).

A unos que confiaban en sí mismos como justos y menospreciaban a los otros, dijo también esta parábola: «Dos hombres subieron al Templo a orar: uno era fariseo y el otro publicano. El fariseo, puesto en pie, oraba consigo mismo de esta manera: "Dios, te doy gracias porque no soy como los otros hombres: ladrones, injustos, adúlteros, ni aun como este publicano; ayuno dos veces a la semana, diezmo de todo lo que gano". Pero el publicano, estando lejos, no quería ni aun alzar los ojos al cielo, sino que se golpeaba el pecho, diciendo: "Dios, sé propicio a mí, pecador". Os digo que este descendió a su casa justificado antes que el otro, porque cualquiera que se enaltece será humillado y el que se humilla será enaltecido».

Cuando el corazón se llena de altivez, de religiosidad no vas a ver a tu hermano, a tu prójimo como Dios lo ve. Hoy te invito a que evalúes cualquier malestar que tienes contra tu hermano y que cuestiones de donde viene, ¿hay celo? ¿envidia? ¿murmuración? Renuncia ahora y comienza a amar a tu hermano como a ti mismo.

8. El Resentimiento

El resentimiento es algo que te daña más a ti que a la persona con la que estas resentido ya que crea raíces de amargura.

El resentimiento es un sentimiento persistente de disgusto o enfado hacia alguien por considerarlo causante de cierta ofensa o daño sufrido y que se manifiesta en palabras o actos hostiles.

Siempre que estamos hablando de algún tipo de conflicto aun cuando no seamos responsables, aunque sea un 10% de responsabilidad usted tiene en la situación que haya pasado. Si pensamos que la otra persona que nos ofendió es 100% responsable nos empezamos a ver como víctimas.

Cuando nos vemos como víctimas, pensamos que ha ocurrido una injusticia y perdemos de vista el plan de Dios en nuestras vidas.

Si en vez de preguntarnos ¿por qué? nos enfocáramos en ¿para qué? aprenderíamos que todo tiene una razón de ser y que eso que nos duele ahora será un testimonio para sanar a otros. De esta forma, pasaremos de víctimas a sobrevivientes y de sobrevivientes a sanadoras. Comienza hoy mismo a reflexionar qué has aprendido de esta situación y cómo puedes ayudar a sanar a otros.

9. El Temor:

Las personas reaccionan de diferentes formas ante el temor. Ante situaciones que nos hacen sentir amenazados, algunos salen corriendo, otros se paralizan y otros, aunque temen siguen hacia adelante. Piensa, ¿cuál de las tres formas es la que usas más a menudo? El temor ocasiona que pierdas oportunidades, es una cárcel que uno mismo se impone.

En el 1988 estudié un curso de un año de Oficinista General con principios en Contabilidad en Hato Rey, Puerto Rico. Al comenzar las clases de maquinilla, la maestra explicó que todos los días nos iban a dictar palabras para que la escribiéramos. Ella nos comentó que con la práctica adquiriríamos rapidez pero que también esperaba de nosotros la perfección.

La primera impresión que tuve fue esto va a ser sencillo ya que puedo ver todo el teclado. Sin embargo, cuando la maestra dijo que no podíamos mirarlo, me llené de miedo. El temor que sentí en ese momento era de pensar que iba a ser imposible lograr memorizar todo el teclado y hacerlo correctamente. Hasta llegue a pensar que tal vez me había equivocado al escoger ese curso.

Me dije, "tal vez debería dar de baja a las clases".

Me detuve a analizar la situación y acepté que si tenía miedo. Entonces decidí enfrentar el reto cada día sin pensar demasiado en el día de mañana.

Meses después, con la ayuda de Dios, me gradué con notas sobresalientes de ese curso que pensé nunca iba a poder aprobar.

10. La Duda:

Hay un refrán que se utiliza mucho en situaciones de investigaciones de maltrato: "Ante la duda, saluda". Desde el año 2005 hasta el 2007 trabajé para el programa de Emergencias Sociales en Puerto Rico y también en el Departamento de Familia. Cuando los empleados me consultaban acerca de qué hacer en las investigaciones de situaciones de alegaciones de maltrato, prefería actuar estrictamente bajo las reglas; y si no sabía que hacer, entonces era mejor asumir que las alegaciones eran ciertas y tomar todas las precauciones necesarias.

Créeme, tuve que aplicar muchas veces este criterio. Si no estás seguro de algo es mejor creer que si está sucediendo.

Uno de los pasos más importantes que he tomado en mi vida es creer absolutamente que Jesús murió por mí. Que ciertamente es el hijo de Dios y que resucitó de los muertos.

Hoy te exhorto a que no dudes de lo que Él ya hizo por ti.

Hoy con tantas corrientes modernas, y tantas teorías es muy fácil dejarse llevar, pero recuerda que la única verdad ya Dios la dejo para nosotros en su Palabra. Y su Palabra dice, ¿Mas que dice? Cerca de ti esta la palabra, en tu boca y en tu corazón.

Esta es la palabra de fe que predicamos que, si confesares con tu boca que Jesús es el Señor, y creyeres en tu corazón que Dios le levanto de los muertos, serás salvo", Romanos 10:9, Reina Valera 1960.

11. El Materialismo:

Debo indicar que no tiene nada de malo poseer las cosas que necesitamos, y un poquito más. Sin embargo, nuestro deseo de adquirir no puede llevarnos a un estilo de vida que nos afecte si no obtenemos algo que deseamos.

Por ejemplo, si tengo un carro viejito, pero mi deseo de tener un carro nuevo esto no debe hacerme sentir infeliz. Tampoco puede llevarme a endeudarme de una forma desproporcionada, solo porque el deseo de obtenerlo haga que la razón se nuble. Pablo dijo "he aprendido a contentarme con todo" Filipenses 4:11, igual digo, cuando me tocó una vez comer pancakes por una semana me los comí.

También he tenido otros momentos en que he podido comer mis mariscos favoritos cuando me apetecía. Pero aun así mi mayor riqueza no está en lo que poseo o en los bienes materiales que Dios me ha permitido tener. Mi riqueza, mi bendición es tener a Dios.

12. La Presión de Amigos:

La necesidad de ser aceptados no puede ser tan grande que nos dejemos influenciar de manera negativa y tomemos decisiones incorrectas.

Por esta razón es importante que tanto los niños como los adolescentes y aun los adultos entiendan que Dios nos acepta tal como somos. Si una persona está tratando de afectar tu identidad en Cristo o su amistad te aleja de Dios en vez de acercarte más, es hora de eliminarlos de tu lista.

Por eso, cuando alguien te diga que hagas algo incorrecto no te apresures a hacerlo para que te acepten. Recuerda que Dios te acepta como eres. En este ejemplo vemos como Jesús reaccionó ante la presión: Mateo 20:29-33 nos dice que "al salir ellos de Jericó, lo seguía una gran multitud. Y dos ciegos que estaban sentados junto al camino, cuando oyeron que Jesús pasaba, clamaron, diciendo: —¡Señor, Hijo de David, ¡ten misericordia de nosotros!

La gente los reprendía para que callaran, pero ellos clamaban más, diciendo: —¡Señor, Hijo de David, ¡ten misericordia de nosotros! Jesús, deteniéndose, los llamó y les dijo: —¿Qué queréis que os haga?

Ellos le dijeron:

—Señor, que sean abiertos nuestros ojos. Entonces Jesús, sintiendo compasión, les tocó los ojos, y en seguida recibieron la vista y lo siguieron."

Hoy, le pido a Dios que mientras estes leyendo este libro, como a ese ciego junto al camino, tus ojos sean abiertos y puedas ver quiénes son tus verdaderos amigos.

Verdad #4: Las Herramientas Divinas

Uno de los aspectos más importantes que debemos considerar en cualquier cosa que deseamos realizar es el modo en que lo vamos a llevar a cabo. Muchas veces tenemos el conocimiento, pero es el no saber cómo hacerlo o método lo que detiene o impide que la tarea se lleve a cabo.

Recuerda que el Espíritu Santo nos consuela y nos muestra qué hacer cuando estamos débiles, cuando tu corazón esta quebrantado, cuando has perdido algo o alguien valioso para ti, Él está delante del Padre pidiendo que te fortalezca, Romanos 8:26.

Y también nos dice en Juan 15:9(Dios Habla Hoy): "yo los amo a ustedes como el padre me ama a mí, permanezcan en el amor que les tengo"; por eso debes permanecer conectado a la persona de Jesucristo por medio del Espíritu Santo. Necesitas tener una relación basada en lo que fue preparado para ti. Tu relación con Dios en la tierra va a determinar el tipo de relación que tendrás con Él en la eternidad.

1. Todos hemos nacido en un mundo caído, y esta condición pecaminosa nos trae sufrimiento y tristeza a todos los seres humanos. La buena noticia es que hay esperanza, y un futuro para los hijos de Dios. La Palabra nos dice que "en el mundo tendrán muchas pruebas y tristezas, pero anímense, porque yo he vencido al mundo" Juan 16:33, NTV.

Así que cuando estés sin fuerzas y sientas que no puedas ni respirar ¡deja que Él sea tu oxígeno! Recuerda que pueblo de Dios halló gracia en el desierto, en el desierto él prolonga su misericordia y su Palabra así nos dice en Jeremías 31:2-3 que El "jamás nos dejará de amar". También nos ha prometido que no nos dejara huérfanos, (Juan 14:18). Que estará contigo y te fortalecerá, Isaías 41:10, NVI. Te sostendrá en el momento difícil, Salmos 55:22 (NVI). Lo único que nos pide es que (le) "preguntemos por el buen camino", Jeremías 6:16 NVI. Que "hagamos todo como para Dios", Colosenses 3:23, NVI. Y, que "nos enfoquemos en las cosas del cielo", Colosenses 3:2, DHH.

El creador del universo, mora delante de ti y NUNCA te abandonará, Deuteronomio 31:8 NVI. A todo esto, para animarte a continuar, añade que, aunque pienses desmayar "los que confían en el Señor van a tener nuevas fuerzas", Isaías 40:31, NVI. ¡Dime si su mensaje te anima a no flaquear por más oscuras y horribles que sean tus circunstancias!

2. Dios te ama tanto que ya te capacitó para tu ministerio, por eso dice la palabra "Cada uno según el don que ha recibido, minístrelo a los otros, como buenos administradores de la multiforme gracia de Dios, si alguno habla hable conforme a las palabras de Dios, si alguno ministra ministre conforme al poder que Dios da, para que en todo sea Dios glorificado por Jesucristo, a quien pertenecen la gloria y el imperio por los siglos de los siglos, amen" 1 Pedro 4:10, Reina Valera 1960.

Es por esta razón que no necesitamos competir con nadie. Usa lo que tienes. Usa el don que tienes. Tu lugar en la mesa (ya fue asignado). No tienes que pelearlo con nadie porque está reservado para ti. Cuando un lugar está reservado para ti no importa a la hora que llegues, es tu lugar. Lo que tienes en ti mismo es suficiente para que llegues a tocar, aunque sea UNA persona.

3. En todo lo que hagas no te olvides de Darle la gloria a Dios. Nuestra vida cotidiana debe estar repleta de Dios. A continuación, veamos algunos ejemplos de qué significa esto:

Adoración. Cuando usamos nuestra vida para la gloria de Dios. Al vivir separados para Dios, en obediencia, le estamos adorando, Romanos 6:13, Nueva Traducción Viviente.

Aceptación: Es importante que aceptemos a nuestros hermanos. Dios nos exhorta a que, así como Cristo nos aceptó, nosotros hagamos lo mismo. Al amar a los demás, los aceptamos. Romanos 15:7 (NVI)

Imitar a Cristo: Cuando nos asemejamos más a Cristo, la madurez espiritual consiste en pensar, sentir y actuar como lo haría Jesús, 2 Corintios 3:18, Nueva Traducción Viviente.

Servicio-Cuando servimos a los demás con nuestros dones, 1 Pedro 4:10-11, 2 Corintios 8:19

Testificar: Es importante que hables de las cosas que Dios ha hecho en tu vida. Comparte en cada oportunidad que tengas de su sanidad, protección, cuidado, amor y de tu esperanza en Él. Siempre que puedas testifica a los demás, 2 Corintios 4:15.

Verdad #5: Donde debo buscar mi identidad

En ocasiones buscamos nuestra identidad en cosas pasajeras, y esto no es suficiente. Frecuentemente hacemos de cosas materiales nuestra prioridad, o tal vez de un trabajo nuestro mayor enfoque. Cuando esto sucede estamos cayendo en idolatría.
Idolatría no solo es adorar otros dioses, ni tampoco es cuando nos apartamos de la sana doctrina. Esto incluye cualquier cosa o

cualquier persona que tú le des el lugar que debería tener Dios en tu vida.

A veces tratamos de ser tan autosuficientes que se nos olvida lo que es verdaderamente importante, decimos "yo estoy bien solo". De esta manera empezamos a refugiarnos en la soledad simplemente por orgullo, justificándonos o diciendo cosas como "el que solo la hace solo la paga". Sin embargo, la palabra de Dios dice que "no es bueno que el hombre este solo, mejor son dos que uno". (Génesis 2:18 y Eclesiastés 4:9). Por eso debemos buscar nuestra identidad en las cosas eternas: Nuestra relación con Dios.

La gente se fija en las apariencias, Dios se fija en el interior, 1 Samuel 16:7, NVI. Muchos esperan escuchar de otros que son valiosos. Independientemente de esto, solo Dios conoce tu potencial, tus talentos, y lo que ha puesto dentro de ti. Al igual que sus planes, aunque los demás te minimicen, 1 Samuel 16:12, NVI. Me conoces por dentro y por fuera. Salmos 139:15-16.

Hace unos días me fui a caminar a un parque y ya faltaba poco para terminar la ruta. Rápidamente unas damas me pararon y me dijeron que estaban cambiando de camino porque se habían encontrado con un zorrillo. Me puse a pensar en el zorrillo. Es un animal que se ve muy hermoso, pero eso que tiene por dentro aterra y aleja rápidamente al más espiritual.

A veces sucede así, hay personas que se ven muy bien exteriormente y aparentan tener todo, pero ante la llegada de otro sujeto su verdadera esencia se percibe y nadie se les puede acercar.

Hay creyentes que al sentirse amenazados con el don y/o el ministerio de otros destilan su mal olor. Procuremos cuidar más que nuestra apariencia exterior, nuestro interior. Que cada acto que hagamos sea olor fragante para Dios y para los que están a nuestro alrededor.

Fuera de Cristo no hay nada. Su palabra nos dice: "yo soy el camino, la verdad y la vida" (Juan 14:6). Tu identidad está en la cruz. Por eso mi petición para usted es que el "Señor abra tus ojos para que veas". Esta fue la misma petición de Eliseo para su criado, que Dios abriera sus ojos. De este mismo modo te exhorto a cuando alguien no entienda tu visión, o no comprenda tu situación, pídele a Dios que abra sus ojos como lo hizo con el ciego y con el criado de Eliseo.

En 2 Reyes 6:14-18 (Reina Valera 1960) dice: "Y el rey de Siria, envió allí gente de a caballo, carros y un gran ejército, los cuales llegaron de noche y sitiaron la ciudad. El criado que servía al varón de Dios se levantó de mañana y salió. Al ver que el ejército tenía sitiada la ciudad, con gente de a caballo y carros, dijo a Eliseo: — ¡Ah, señor mío!

¿qué haremos? Eliseo respondió: —No tengas miedo, porque más son los que están con nosotros que los que están con ellos. Y oró Eliseo, diciendo: «Te ruego, Jehová, que abras sus ojos para que vea». Jehová abrió entonces los ojos del criado, y este vio que el monte estaba lleno de gente de a caballo y de carros de fuego alrededor de Eliseo.

Cuando los sirios descendían hacia él, oró Eliseo a Jehová, y dijo: «Te ruego que hieras con ceguera a esta gente». Y Jehová los hirió con ceguera, conforme a la petición de Eliseo. "

Conclusión

Nosotros fuimos rescatados de nuestra vana manera de vivir con precio de sangre, 1 Pedro 1:18-19 (NVI). ¡La tragedia más grande es vivir una vida sin propósito! Una vida así sería una vida vacía y sin sentido. Es importante que entiendas que Dios tiene planes de bienestar para nosotros y nos dice "Porque yo sé muy bien los planes que tengo para ustedes-afirma el Señor-, planes de bienestar y no de calamidad, a fin de darles un futuro y una esperanza". (NVI). Repite esto: "Señor abre nuestros ojos espirituales, quita las escamas de mis ojos como hiciste con Pablo, para que yo pueda verme como tú me ves. Como hiciste con el siervo de Eliseo, abre mis ojos poder ver. Señor hazme conocer tus caminos, ¡encamíname! Tu eres mi Dios, mi verdad, Salmos 25:4-5. Soy como árbol plantado junto al agua, en época de sequía no me angustio y sigo dando fruto" Jeremías 17:8, (NVI)

Esta es nuestra verdad, Dios sigue trabajando en nosotros, el que comenzó la buena obra en ustedes la irá perfeccionado hasta el día de Cristo Jesús, Filipenses 1:6. (Reina Valera 1960)

Cada problema es una oportunidad para formar tu carácter, para crecer. Debemos tener firme la esperanza que profesamos, porque Él es fiel a su promesa, Hebreos 10:23, NVI. El proceso no es en vano y Dios lo va a usar para que ayudes a otros.

La Luz

Quiero llevarlos conmigo de paseo a mi pueblo natal, Rio Piedras. Este es parte de la capital en San Juan, Puerto Rico donde pasé tantas cosas tan bonitas. Tengo recuerdos hermosos de mi isla y otras tantas que he escogido saltar por razones obvias. Ahora no es el momento. Pasaron muchos inviernos, muchas primaveras antes que me diera cuenta de quien era, quien soy y quien seré. Tenía tal vez cinco años y lo recuerdo como si hubiera sucedido ayer. Qué bueno es cuando recordamos cosas que han sucedido, porque han pasado más de cuarenta años y es ahora cuando tienen sentido. A veces se nos hace difícil recordar cosas en un momento preciso. Otras cosas vienen a memoria por razones especificas...divinas.

Salí con mi mama y mis hermanos a visitar a una dama, que se dedicaba a la lectura de cartas, y creo que la lectura de manos. Aconteció que cuando ella me vio le dijo a mi mamá que yo no podía pasar al otro cuarto "porque yo tenía una luz". Ya a la edad de cinco años alguien podía ver lo que había en mí, aunque yo todavía no lo podía reconocer.

Ahora que ha pasado el tiempo me doy cuenta de que no puedes ocultar lo que ERES, ni quién ERES.

Como mencioné anteriormente en otro capítulo, el Diccionario General de la Lengua Española define identidad como: circunstancia de ser una persona o cosa en concreto y no otra, determinada por un conjunto de rasgos o características que la diferencian de otras: que permiten distinguirla de otras en un conjunto.

Por lo tanto, lo que eres ahora es resultado de un conjunto de experiencias que has tenido. ¿Cuál es la importancia de tu identidad? El saber para qué fuiste diseñado te lleva a alcanzar tu máximo potencial. Nosotros tenemos la tendencia de fijarnos en lo que no podemos hacer. Este libro tiene el objetivo de retarte a que te atrevas a ser lo que eres. Que te atrevas a alcanzar tu potencial, a creer. Hazlo y Dios se encargará de darte lo que necesitas para alcanzarlo, pero tienes que creer.

Si en este momento un desconocido se acercara a ti y te pregunta quién eres, ¿qué le dirías? Alguna vez te has preguntado ¿qué piensa la gente de ti? La palabra nos dice que mientras Jesús oraba aparte estaban con Él sus discípulos. Y Jesús les preguntó: "¿quién dice la gente que soy yo?" Ellos respondieron uno Juan el Bautista, otros Elías y otros que algún profeta de los antiguos ha resucitado. Él les dijo: "Y vosotros, ¿quién decís que soy? Entonces respondiendo Pedro, dijo "Tu eres el Cristo el Hijo del Dios viviente". (Mateo 16:16)

Con este ejemplo podemos constatar que las personas siempre van a tener diferentes opiniones de quienes somos. Sin embargo, saber lo que piensan otros de nosotros no es tan importante como lo que nosotros sabemos a cerca de nosotros mismos. Saber quién eres te impulsará a tu destino profético.

Proverbios nos dice "Hijo mío, guarda mis razones, y atesora contigo mis mandamientos. Guarda mis mandamientos y vivirás, y mi ley como las niñas de tus ojos. Lígalos a tus dedos; escríbelos en la tabla de tu corazón. Di a la sabiduría: tú eres mi hermana, y a la inteligencia llama parienta." (Proverbios 7:1-4)

Todos estos son aspectos importantes para tener éxito en el crecimiento y en el desarrollo de tu identidad. Así que te pregunto una vez más, ¿quién eres? Guardar los mandamientos te va a dar la visión moral y espiritual necesaria para lograr lo que quieres de una forma efectiva. Para saber quién eres debes saber para qué fuiste creado.

Otros no pueden definir quién eres, solo tu creador.

Dios dijo, "Hagamos al ser humano a nuestra imagen y semejanza. Que tenga dominio sobre los peces del mar y sobre las aves del cielo; sobre los animales domésticos, los animales salvajes, y sobre todos los reptiles que se arrastran por el suelo". Y Dios creo al ser humano a su imagen; lo creo a imagen de Dios. Hombre y mujer los creo, y los bendijo con estas palabras: "Sean fructíferos y multiplíquense; llenen la tierra y sométanla", Génesis 1:26-28. (Reina Valera 1960).

Fuimos creados, a imagen de Dios a su semejanza, para tener dominio. El significado de dominio denota tener autoridad sobre todo lo creado. Dios nos bendijo:

1. *Para dar frutos*
2. *Para multiplicarnos*
3. *Para adorarle*

Los dos principales mandamientos se basan en esto: amar a Dios y a tu prójimo. Y esta es la razón principal por la cual fuimos creados. Si verdaderamente le amamos, le obedecemos y amamos también a nuestros hermanos.

Hay varias precauciones que debemos tomar ya que se nos van a presentar muchos retos en la carrera de la fe. Nuestra meta es poder decir como dijo Pablo "he peleado la buena batalla, he acabado la carrera, he guardado la fe" (2 Timoteo 4:7).

Cuidado con los Impostores que te roban tu Identidad

Si estamos hablando de identidad, es necesario que hablemos de comportamientos que te alejan de ser esa persona única, especial, escogida para grandes cosas. La palabra, en la versión traducción de Lenguaje Actual, que es la que más me gusta, nos enseña que "ustedes son miembros de la familia de Dios, son sacerdotes al servicio del Rey y son su pueblo. Dios mismo los sacó de la oscuridad del pecado, y los hizo entrar en su luz maravillosa. Por eso anuncien las maravillas que Dios ha hecho", 1 Pedro 2:9. El salmista dijo en Salmos 139:13-14 "Dios mío tu fuiste quien formó cada parte de mi cuerpo. Soy una creación maravillosa, y por eso te doy gracias". Eres una creación maravillosa, eres única (o), ERES UNA CREACION MARAVILLOSA, SI LO ERES.

Hay muchas cosas que empañan esa creación maravillosa que eres y que no deja que veas quien realmente eres. Por ejemplo, la comparación, temer lo que otra persona pueda hacer, el rechazo, la falta de discernimiento, la religiosidad, el Melting Pot, la doble identidad, el no saber dónde estás, las apariencias, y el robo de identidad, entre otros. Y quiero aclararte que aun si estuvieras hablando de unos gemelos idénticos, cada uno de ellos es único e individual. Puede parecer igual pero no lo es. Por eso es importante que reconozcamos que ser único y porqué ser diferente es hermoso y valioso.

Una de las cosas que acostumbro a hacer a la hora de ver un cliente nuevo para ofrecer servicios de consejería es desarrollar un plan de tratamiento. Este plan de tratamiento que se realiza debe ser individualizado. Aun cuando sean unas situaciones similares entre un cliente u otro, siempre hay particularidades que van a hacer que cada plan sea exclusivo para cada cliente y enfocado en él. Hay varios aspectos que no te dejan ver claramente la maravillosa persona que eres.

EJEMPLO: Aquí te muestro en detalle algunas de las cosas que impiden que veas tu propia singularidad.

1. Tratar de ser como otra persona

Muchas veces cuando nos ponemos a compararnos con otros, terminamos imitándolos, en vez de desarrollar lo que ya hay en nosotros. Lo que Dios ha dado a cada uno es único, y no hay razón por la cual tengamos que recurrir a copiar a otros, a imitarlos, limitando de esta forma lo que ya Dios nos ha entregado. La Palabra dice que todos tenemos un don, y que el menos que tiene, tiene uno. La diferencia que existe entre nosotros es la individualidad.

El libro de Samuel, capítulo 1, narra cómo Saúl vistió a David con su uniforme de campaña. Cuando David intentó caminar con este y se le hizo difícil porque no estaba acostumbrado. Esto nos enseña claramente que no podemos tomar la imagen de otra persona y hacerla como nuestra.

Dios ha sido más que bondadoso en darnos a cada uno las herramientas que necesitamos para seguir adelante y para cumplir sus propósitos divinos. Tal vez vendrán muchos momentos que quieras tratar de aparentar lo que no eres, y las personas que no te conocen se impresionen. Sin embargo, tu creador, el autor de tu vida, te conoce, a Él nada le puedes ocultar. Porque Él no se deja llevar por las apariencias como solemos hacer nosotros, ni le impresionan los títulos, Él te conoce y sabe lo que hay en tu corazón.

Sabes, ¡esto me acaba de suceder! Mientras me encontraba en la preparación de este libro comencé una linda amistad, la cual yo pensé que iba a ser duradera, pero no pasó mucho tiempo sin que la persona- como el zorrillo, del cual les hablé anteriormente, mostrara su verdadera esencia.

Esta persona trató de alejarme de los caminos de Dios hablando cosas que no edificaban mi alma. Pero Dios me dejó ver quien era, ¡justo a tiempo! Pude ver sus verdaderos colores.

Debemos evaluar las amistades que están comenzando. Lo primero es analizar si esa amistad nos acerca o nos aleja más de Dios. ¡Piensa!

En muchas ocasiones me encontré con esa persona y me esquivaba. Se comportaba como si no me conociera. Fue muy doloroso descubrir que cuando una persona comienza a desear el ministerio de otra, deja un rastro peor que un zorrillo. Es una tragedia en verdad el no ser capaz de ver y valorar lo que ya tienes.

Lo que Dios ha depositado en ti, es único, ¡comienza a valorarlo!

2. Intimidación

La intimidación es hacer que alguien sienta miedo o temor; amenazar a otra persona (Diccionario General de la Lengua Española, 2006). Si te encuentras en una situación en la cual el adversario se ha burlado de ti, no desmayes. Esa es una estrategia poco original y vieja que utiliza el enemigo para que dudemos del favor de Dios en nuestras vidas. Dios ha depositado algo valioso en ti y aun cuando tú no lo percibas, el enemigo si lo puede ver. Es por esta razón que es importante agarrarte de Dios y que resistas.

La palabra nos dice: "Someteos, pues, a Dios, resistid al diablo y huira de vosotros", Santiago 4:7 (Reina Valera 1960). Cuando se cierre una puerta, no temas porque ni una hoja de un árbol se cae sin que Dios lo sepa, el seguirá teniendo cuidado de ti.

3. Rechazo

Algo que también puede suceder en el hogar, en la Iglesia, el trabajo, el ministerio, o en la familia es recibir y sentir el rechazo de los que nos deberían brindar apoyo y/o ayuda. Aun cuando así suceda, debes seguir adelante y no rendirte. Estas son situaciones que se nos presentan y ese camino difícil es otro empujoncito hacia tu destino profético. Cuando recuerdo momentos similares en mi vida, esto me indica que ya estoy cerca para pasar a un nuevo nivel. Por eso hermano, te exhorto a que te vistas de paciencia, ¡estás a punto de recibir tu promoción! ¿Estás listo?

4. Falta de Discernimiento

Proverbios 7:22-23, nos dice que cuando una persona carece de sabiduría, su sensatez es afectada. No puede percibir el peligro, y sale a su encuentro "como buey que va al matadero", "como un ciervo que cayó en la trampa" "como un ave que vuela directo a la red, sin saber que le costara la vida". (Nueva Traducción Viviente). También, Dios dice que cuando hay falta de sabiduría que la pidas, acércate al Padre y pídela.

Este mismo consejo aparece en Santiago 1:5: "Y si alguno de vosotros tiene falta de sabiduría, pídala a Dios, el cual da a todos abundantemente y sin reproche, y le será dada." Por lo tanto, la sabiduría viene de Dios. De acuerdo con el diccionario la sabiduría es el conjunto de conocimiento a través del estudio o la experiencia.

5. La Religiosidad

La religiosidad puede bloquear recibir de Dios e impide que veas las cosas claramente. En Juan 3 nos narra la Palabra de cuando un fariseo llamado Nicodemo, líder de judíos, se acercó a Jesús y le comento que él sabía que Dios lo envió a enseñarles, y que nadie podría hacer los milagros que el hizo si Dios no estuviera con él. A esto Jesús le respondió que si una persona no nace de nuevo no podrá ver el reino de Dios. Que los hijos de Dios solo nacen del Espíritu.

Jesús también le dijo que si no me creen cuando les hablo de las cosas de este mundo, ¿cómo me creerán si les hablo de las cosas del cielo?

Por eso la Palabra dice que hay que nacer de agua y de Espíritu (Juan 3, TLA). EL Fariseo es símbolo de religiosidad, estos cuestionaban y no creían que Jesús era el Hijo de Dios. Dice la Palabra ahí mismo en Juan 3 "Pero los que prefieren la verdad sí se acercan a la luz, pues quieren que los demás sepan que obedecen todos los mandamientos de Dios". Los hijos de Dios solo nacen del Espíritu, brillan en la oscuridad y obedecen todos los mandamientos de Dios.

6. Melting Pot

El escritor Jorge Ramos en su libro la Ola Latina lo define como "homologar sus costumbres a la de la población de habla inglesa para ser reconocidos como estadounidenses",

Según Ramos, los latinos han logrado mantener una personalidad propia, se han integrado, no asimilado completamente, formar parte de un todo, pero no implica la desaparición de sus partes, y la pregunta "¿quién está cambiando a quién?

Como cristianos, estamos llamados a guardar nuestra identidad en Cristo y como tal debemos ser cuidadosos con las amistades que tenemos y con las actividades en las que decidimos participar.

Analiza que conducta tienes después de compartir con alguien y que clase de influencia esa persona ejerce sobre ti.

¿Cómo puedes determinar si su influencia es negativa o positiva? Pregúntate:
a) ¿Su influencia te acerca más a Dios? Si tienes una amistad que tal vez acostumbra a decir palabras rudas o palabras vulgares y luego terminas hablando igual como esa persona, quiere decir que no es buena influencia. Por el contrario, si es una persona con la que compartes y las conversaciones son sanas o edificadoras y llegas a tu casa y quieres orar más, o quieres escudriñar la Palabra esta sería una buena influencia.
b) ¿Estás tu influenciando a esa persona?
Recuerda hermano que somos luz, salimos de las tinieblas a la luz. ¿Qué valor le estas dando al sacrificio que Jesús hizo por ti, si después de conocer la luz verdadera, tienes en poco su sangre derramada y has vuelto atrás? En Jeremías 15:19. Dios nos habla de lo importante de que es el impacto y tener influencia en otras personas "Conviértanse ellos a ti y tú no te conviertas a ellos".

7. Doble Identidad
Hablando desde una perspectiva terrenal se puede tener una doble ciudadanía; pero si lo llevamos a un contexto cristiano, definitivamente esto no se aplica. Nosotros somos ciudadanos del cielo. No puedes llevar una doble vida y mantener una doble identidad porque esto te aleja de Dios. Cuando nos esmeramos en ocuparnos más de las cosas del Espíritu y en alimentar más al
Espíritu agradamos a Dios. La Palabra nos exhorta a no adaptarnos al mundo, y a transformarnos renovando nuestras mentes para que conozcamos la voluntad de Dios que es buena, agradable y perfecta.

8. Reencuentro con tu Identidad
El escritor Will Glennon describe en su libro (La Inteligencia Emocional de los Niños: Claves para abrir el corazón y la mente de tu hijo), este término: ¿Por qué debemos tener ese reencuentro?

Para mencionar este término y si definitivamente necesitamos un reencuentro con tu identidad Génesis 1, nos explica cuál es nuestra identidad: fuimos creados a imagen de Dios para señorear en la tierra, nos bendijo y nos dijo: "fructificad y multiplicaos"; ¡Qué privilegio!

También se nos enseña que cualquier cosa atada en la tierra será atada en el cielo y cualquier cosa desatada será desatada en el cielo. Como podemos constatar, es un honor servir a Dios, pero recordemos que debemos tener cuidado con lo que declaramos porque desde el principio Dios nos ha hecho saber el poder de nuestras palabras. Él dijo "sea la Luz", Genesis 1:3 y ¿qué sucedió? fue la luz. "Luego dijo Dios: ¿Haya expansión en medio de las aguas y separe las aguas de las aguas" y ¿qué ocurrió? Así sucedió. Yo sé que Dios va a cumplir su propósito en ti, y tú, ¿lo crees?

9. No saber dónde estás

Este término descrito por Juan Pablo Arredondo, escritor del libro Adolescencia, como entender a mi hijo. Dijo que el adolescente se halla en un lugar indeterminado, no es niño ni adulto. Espiritualmente hablando debemos conocer nuestra posición claramente en Cristo. Somos hijos y como hijos procuremos estar frente a la presencia de Dios, nuestro Padre.

10. Apariencias

La adolescencia está influenciada por cambios físicos y biológicos que afectan tareas que realizamos y a la misma vez la forma en que nos ven los demás.

Es una época en que se describe que el joven tiene mayor conflicto con sus padres y las niñas no estar satisfechas con su apariencia y su imagen. Sin embargo, cuando nuestra identidad no está basada en lo que los demás dicen de nosotros, no la determina la sociedad, pero ha sido determinada por un Dios vivo que te ama con todo su corazón, y te escogió desde antes de la fundación del mundo. Entonces sabes y tienes la certeza y la seguridad que tu identidad va más allá que lo que estás viendo en un espejo y fue preparado en el cielo desde la eternidad.

11. Robo de Identidad y la Identidad Falsa

Jacob se hizo pasar por su hermano Esaú y le quito los derechos de primogenitura y la bendición de su padre. La sociedad que vivimos hoy día enfatiza lo gratificante que es obtener lo que quieres. Si te sientas unos momentos a ver unos comerciales de televisión es increíble como parece todo perfecto. No hay que esperar por las cosas y puedes disfrutar de la vida, sin inhibiciones. Sin embargo, todo me es licito más no todo me conviene. Aun cuando me gustaría tener un Jaguar deportivo, no tengo los recursos económicos en este momento para tenerlo y no voy a dejar de cumplir con mis responsabilidades por tener una identidad que no es la mía, alguien que no soy. No podemos vivir aparentando lo que no somos y si decido imitar a alguien como dijo el Apóstol Pablo, imito a Cristo, 1 Corintios 11:1.

Ejercicio:

1. ¿Cómo crees que Dios te llamaría si estuvieras frente a él? ¿Qué nombre te daría?

_____

_____

¿Cuál es el propósito que Dios tiene para tu vida? ¿Qué Dios quiere que tu hagas? Describe las habilidades que tienes que puedes usar para beneficio de tus hermanos.

_____

_____

Oración

Padre en el nombre poderoso de tu hijo Jesús, te pido perdón porque he actuado de una forma muy diferente a quien realmente soy en ti. Ayúdame, Padre a que yo sea lo que dice tu Palabra. Que actúe y hable como tu hija, pero sobre todas las cosas, que actúe en obediencia a lo que dice tu Palabra. Padre, tú me escogiste desde antes de la fundación del mundo. Soy diferente, soy única, soy especial. No necesito ser igual a mi hermana, pero necesito amarla tal cual ella es. Enséñame a aceptarme como soy, reconociendo que tú me ayudas en mi debilidad y que soy fuerte en ti. Ayúdame, Padre a caminar de acuerdo con el propósito que tienes para mí. Te amo Dios, lo que deseo es lo que has preparado para mí. Así lo creo y lo valoro. Ayúdame a entender que todo lo que es posible soy capaz de hacerlo, pero lo imposible lo haré con tu ayuda. Enséñame a depender de ti y a confiar en ti. Te necesito, no permitas que dé un paso sin ti. Padre, ayúdame a ver mis temores, y a no hacerme de la vista larga cuando me muestres lo que debo cambiar. Renueva todo mi ser. Corrígeme, porque tu corriges a los tuyos y, enséñame a caminar en rectitud. Amén

 Lo más importante sobre tu identidad no es tan solo que sepas quién eres, y mucho menos que los demás te conozcan; lo más importante es que Dios te llame SU hijo.

EL DOLOR

El dolor es un sentimiento intenso de pena, tristeza o lástima que se experimenta por motivos emocionales o anímicos (Diccionario Lengua Española Vox, 2006). Cuando pasé la experiencia de tener varias perdidas de familiares aprendí de cómo no debemos pensar que las personas estarán ahí siempre. Que cuando se tenga la oportunidad de compartir con las personas que amamos disfrutemos el momento como si este fuera el último. Tomemos por ejemplo el aire.

No nos damos cuenta de que esta ahí todo el tiempo. Cuando llega un día y nos quedamos sin aire o vemos a alguien con problemas para respirar, entonces entendemos cuán importante es. Así mismo, el dolor me ayudo a tolerar más cosas que antes no hubiera tolerado. Aprendí a ser más sensible. Solo al apoyarme en este versículo tomaba más fuerzas para poder enfrentar el dolor con valentía, "Hubiera yo desmayado, si no creyese que veré la bondad de Jehová en la tierra de los vivientes", Salmos 27:13.

Esto me daba esperanza y cada día me afirmaba más en mi fe, sabiendo que vería la bondad de Dios, sí que la vi. Como dijo Job "De oídas te había oído, mas ahora mis ojos te ven" (RV 1960).

¿Cómo las pérdidas nos forman la identidad y nos guían a nuestro propósito?

Pérdida de un Hermano

Aproximadamente para el año 2005, estaba recién casada y había regresado a Puerto Rico, mi tierra natal. En ese entonces me encontraba trabajando como supervisora en el Departamento de Familia de Río Piedras, en la 65 de Infantería. Apenas llevaba cuatro meses en Puerto Rico cuando recibí una llamada de madrugada desde Delaware para decirme que habían encontrado un cuerpo y que sospechaban que era mi hermano Juan. Me dijeron que me volverían a llamar prontamente para confirmar la noticia. Yo tenía que trabajar al otro día y obviamente al recibir la llamada no pude dormir. Más tarde se confirmó la tragedia. Mi hermano Juan había muerto de un paro cardíaco por una sobredosis por drogas. Viajé a Delaware para el funeral de mi hermano Juan, mi hermano y yo éramos muy unidos, sin embargo, recordé como él no fue, ni apareció en la lista de invitados para mi boda.

En el año 2005, cuando me casé, Juan era un prófugo de la justicia. Sin embargo, se comunicaba conmigo a menudo, me expresaba sus preocupaciones y siempre preguntaba por mi mamá. Por un tiempo me sentí culpable por no haberlo invitado a mi boda. La razón principal era que temía que alguien de la familia lo entregara a las autoridades si el venía a Delaware. Y así el decidió vivir sus días huyendo y desconfiando, pensando que alguien lo iba a traicionar y denunciarlo a las autoridades. No importaba cuantas veces le dijera que las cosas no eran así, él estaba convencido de lo contrario. Por eso decidí no invitarlo a la boda, primero que nada, sabía que no iba a asistir. Por otra parte, había escuchado tantas cosas que algo me hacía pensar que si existía una posibilidad de que sus miedos fueran verdad.

La Pérdida de la Casa Paterna

A veces también el dolor toca a la puerta con las pérdidas materiales. Mi papá se encontraba viviendo en Puerto Rico cuando se le quemó la casa donde vivía. Las autoridades le informaron que esta había quedado en condiciones infrahumanas y que no podía quedarse viviendo allí. Mi papá ocultó sus intenciones y se las arregló para continuar en la casa a pesar de las condiciones en que esta se encontraba. La noticia me llegó por medio de una tía y aunque le insistí a mi padre que se fuera a vivir conmigo, el invento miles de excusas para no hacerlo.

Penosamente, tuve que recurrir a los "gajes de mi oficio" y llamé al Departamento de la Familia para informarles acerca de la situación. A los pocos días de esto, mi papá me llamó para decirme- "yo creo que lo mejor es que me vaya a vivir contigo". A lo cual respondí que estaba haciendo gestiones para rentar una casa que estuviera cerca de su trabajo.

Luego de un tiempo, mi padre me dio la noticia de que su amigo estaba rentando una casa en $850 dólares. Esto era toda una ganga para mí, ya que era tal como la estaba buscando. Nos mudamos al área de Hato Rey, muy cerca de la Panadería La Viña, uno de los lugares favoritos de mi padre, y donde podía socializar con sus amigos luego de salir de su trabajo.

Mi Madre, su vida con Alzheimer

Otras veces el dolor llega por la enfermedad de un ser querido. Mi hermana mayor se había ocupado por un tiempo del cuidado de mi madre. Por lo difícil de la situación ella cayó en una depresión y me vi obligada a buscar a mi madre a Delaware y llevármela a vivir en Puerto Rico.

Mi madre ya la padecía por varios años de Alzheimer. Todavía conversaba, se reía y de vez en cuando tenía etapas de agresividad. Tenía muchos momentos de lucidez y la pasábamos bien pero también hubo ocasiones en que ella trató de salir de la casa. En medio de sus crisis decía que tenía que buscar a sus niños.

Frecuentemente me vi en una posición en donde tenía que decirle que los íbamos a buscar más tarde y esto la tranquilizaba. Otras veces no funcionaba y se ponía muy agresiva conmigo. No me reconocía, y muchas veces no recordaba quién era yo, y si le decía que yo era su hija, se echaba a reír y me decía: "¿hijos? yo no tengo hijos, yo nunca me he casado". Otras ocasiones se encontraba muy desorientada y necesitaba ayuda para bañarse, vestirse y hasta comer. Tenía que mantenerla segura, cuidarla y protegerla incluso de ella misma.

Mi mamá estaba recibiendo los servicios de una ama de llaves, pagados con su mismo seguro social. La inconsistencia de los servicios me obligó a explorar otras opciones para personas con Alzheimer en Puerto Rico.

Para mi gran sorpresa, los servicios eran muy limitados. Además, donde si podían ofrecerlos estaba muy lejos del área donde vivía.

Por esta razón, decidí que lo mejor era regresar a Estados Unidos.

Esto tristemente ocasionó la separación de nuestra familia. Mi papá decidió quedarse en Puerto Rico. Mi hija se quedó viviendo con él. Aunque fue un momento muy difícil, sabía que ella iba a estar bien en sus manos.

En medio de los preparativos, llamé a mi trabajo anterior en Delaware. Ellos me dijeron que tan pronto llegara les informara y que me podría integrar de inmediato. El apartamento ya lo tenía ya que yo había ido de vacaciones a Delaware. Un tiempo atrás mi hermano mayor me dijo de un bombero que estaba alquilando un apartamento de dos cuartos. Entre risas le dije que no tenía planes en ese momento de regresar a Delaware. Sin embargo, cuando regresé de Puerto Rico ya tenía apartamento alquilado en Delaware.

El detalle de esta historia es que yo regresé a Delaware exactamente dos años después de mi partida. Hago un paréntesis para explicar que el Pastor Lind me advirtió, a través de una profecía, que no vendiera mi casa porque yo regresaría a Delaware en dos años. Así fue.

El Alzheimer es una enfermedad neuro-degenerativa. Marcela Feria (Alzheimer: Una experiencia humana) lo describe como una enfermedad progresiva, degenerativa e irreversible que ataca el cerebro y que ocasiona trastornos en la memoria., deterioro en el juicio, dificultad para encontrar palabras, mantener conversaciones, ideas o instrucciones, perdida de ubicación en el tiempo y en el espacio, y cambios en la personalidad y en la conducta.

Uno de los aspectos que debemos cuidar, es el de no caer en demencia espiritual. Es importante recordar según Feria de que esta enfermedad del Alzheimer no es parte del envejecimiento normal. No es mi intención, hablar de teorías o que es mejor, más bien quiero que usted tenga una idea de lo que enfrenta una persona que está al cuidado de alguien afectado de esta condición y tenga una idea de lo que puede esperar.

Cualidades Importantes en un Cuidador: ¿Cómo se relaciona con tu identidad en Cristo o a tus experiencias anteriores?

En la palabra encontramos muchos ejemplos de servicio y de su importancia. Uno que me llamo la atención es cuando Jesús dijo que el vino a servir y lavó los pies de los discípulos. Con esto nos enseñó la importancia de servir. Jesús dijo "Pues si yo, el Señor y el Maestro he lavado vuestros pies, vosotros también debéis lavaros los pies los unos a los otros. Porque ejemplo os he dado, para que como yo os he hecho, vosotros también hagáis" Juan 13:13-14 (RV1960).

Y que piensas de la paciencia de Ana con su compañera de hogar Pinina, ella fue un gran ejemplo de paciencia. Y el respeto de David ante la persecución de Saul, luego de haber cortado la orilla del manto de Saul y sus hombres le dijeron Dios te entrego a tu enemigo en tu mano y harás con el cómo te pareciere. Sin embargo, David dijo "Jehová me guarde de hacer tal cosa contra mi Señor el ungido de Jehová, que yo extienda mi mano contra el" 1 Samuel 24:4-6 (Reina Valera 1960).

Y que dijo el Apóstol Pablo en 1 Corintios 9 :22-23 "me he hecho débil a los débiles, para ganar a los débiles, a todos me he hecho de todo, para que de todos modos salve a algunos. Y esto hago por causa del evangelio, para hacerme copartícipe de él" (RV 1960). Y acerca de estar bajo presión y de cómo debe ser nuestro proceder dice la Biblia, "No hagan lo malo, solo porque la mayoría de la gente lo hace, si en un pleito legal hacen declaraciones ante un jurado, no digan mentiras como la mayoría de la gente. Digan la verdad" Éxodo 23:2 (TLA).

El cuidado debe ser centrado en la persona. Las cualidades principales que me ayudaron en el cuidado de mi madre fueron las siguientes: ser servicial, la paciencia, respeto, flexibilidad, y tener una reacción apropiada cuando estes bajo presión.

1. Una actitud de servicio

Esto es imprescindible cuando estamos hablando de esa persona tan especial que has decidido cuidar. No hagas nada para que te vean los demás, buscando que te admiren o para agradar a los hombres. La Palabra de Dios nos dice que hagamos las cosas con un corazón sincero, "y todo lo que hagáis, hacedlo de corazón, como para el Señor y no para los hombres.", Colosenses 3:23. (Reina Valera 1960) y la versión Nueva Versión Internacional dice "hagan lo que hagan, trabajen de buena gana, como para el Señor y no como para nadie en este mundo".

Trate a esa persona con respeto tenga paciencia, sobre todo, téngale amor. Si en algún momento la persona hace algo que le ha incomodado, deténgase y reflexione por qué le ha incomodado, pero recuerde por qué decidió cuidarle. Traiga a memoria las razones originales que le motivaron a cuidarle y recuerde que la persona tiene una grave enfermedad y necesita ayuda. Es importante acordarse que es beneficioso cultivar la relación con esta persona a diario, de la misma forma que cuidaría a una flor.

2. Cultivar la paciencia

Este es un aspecto fundamental en esta posición. Igual que no pelear por las cosas pequeñas. La paciencia es una virtud, y yo que tantas veces me jacté de mi paciencia puedo decir ahora que fue probada como el oro. Me pregunté de verdad si alguna vez tuve paciencia en mi vida, porque parecía que era un lenguaje extraño. Fue un gran reto para mí. Una flor que decidí cultivar y que decidí echarle agua a diario. Aprendí a tolerar la diferencia, lo inesperado, lo espontáneo y esto me enseñó a disfrutar más la vida, y a apreciar las cosas pequeñas.

A diario decidí renovar el voto del compromiso que hice cuando dije que sí a este compromiso. Me recordaba continuamente que ya sabía que no era algo que iba a ser fácil. Mi motivación era ser mejor cada día, y no rendirme a pesar de lo que viera, escuchara, oliera o sintiera. Muchas veces hice un alto, cuando no entendía como había comenzado todo esto, porque no había una cura.

Muchas veces lloré ante la impotencia de ver como se me iba de las manos ese recuerdo que yo luchaba por mantener vivo. El tener a mi madre. Le pedía a Dios que renovara mi mente, pero sobre todo que renovara mi corazón para que yo aprendiera a ser más paciente con ella, con el proceso, pero sobre todo conmigo misma.

Decidí amar más allá de lo posible y tratar con respeto a alguien que una vez me cuidó, me cargó nueve meses. Una mujer que a pesar de todas las circunstancias buenas y malas nunca se rindió ante la vida. Simplemente decidí amarla. En ocasiones vas a enfrentar situaciones inesperadas y puede que necesites cambiar de planes. Guarda una disposición a ser flexible y cambiar de planes si fuera necesario por el bien de esa persona que estas cuidando. El Señor sabrá recompensarte enormemente.

3. Guardar Respeto

De acuerdo al Diccionario Enciclopedia Vox 1, 2009, la definición de respeto es consideración sobre la excelencia de alguna persona o cosa, sobre la superior fuerza de algo, que nos conduce a no faltar a ella, a no afrontarla.

Esta definición nos trae aspectos importantes sobre el respeto hacia la persona que estamos cuidando, entre ellos, el ser considerado, no agraviar a esa persona ni avergonzarla. Hay muchísimos ejemplos en la Biblia que nos hablan sobre estos, tal como "honraras a tu padre y a tu madre (Efesios 6:2, Éxodo 20:12, Proverbios 1:8, Proverbios 6:20, Proverbios 23:22).

El respeto a los ancianos (Levítico 19:32, Proverbio 23:22b,). Respeto a todos en general (1 Timoteo 5:1-2). Respeto a las autoridades (Romanos 13:1, Eclesiastés 10:20, Éxodo 22:28). Y por último quiero compartir 1 Reyes 2:19, "así que Betsabé fue a hablar con el rey Salomón. El rey se levantó a recibir a y su madre y, en señal de respeto, se inclinó delante de ella. Después se sentó en su trono, y mandó que trajeran un sillón para Betsabé. Ella se sentó a la derecha de Salomón, que es el lugar más importante", (TLA).

4. Flexibilidad

Es la disposición de ánimo de las personas que se adaptan con facilidad al modo de pensar de otros o sus circunstancias; ceder y acomodarse fácilmente a un dictamen; capacidad de adaptarse a cualquier circunstancia.

Por esto Pablo dijo "he aprendido a contentarme, cualquiera que sea mi situación. Se vivir humildemente y se tener abundancia; en todo y por todo estoy ensenado, así para estar saciado como para tener hambre, así para tener abundancia como para padecer necesidad. Todo lo puedo en Cristo que me fortalece". Filipenses 4:11-13, Reina Valera 1960.

5. Saber cuidar nuestras Reacciones

Cuando estés bajo presión, necesitas saber reaccionar apropiadamente. Es importante mantener la calma, establecer prioridades. Trate a los demás como le gustaría le trataran, sea respetuoso y manténgase firme y tenga dominio propio. Esto va a determinar tu capacidad de sobrevivir a esta circunstancia.

A lo largo de mi carrera profesional, he sido entrevistada un sinnúmero veces. Una de las áreas que siempre es explorada es la reacción del candidato ante el trabajo bajo presión. Esta es una de las cualidades más importantes del trabajo social. La razón principal es que tu reacción-en ese momento, puede hacer que la situación mejore o empeore. Se observa en detalle si tu reacción es de enojo, te congelas y no sabes que hacer o piensas como salir airoso de la situación.

Ejercicio:

1. Menciona dos perdidas que has tenido recientemente (familiares, relaciones, ministerio, negocio, trabajo, materiales)

_____

_____

_____

2. Busca en la Biblia que dice Dios acerca de tu situación. Ahora escribe esos versículos y léelo diariamente.?

_____

_____

_____

3. Describe las cualidades que tienes que te ayudaron en la situación y que cualidades necesitas mejorar.

_____

_____

_____

4. Describe cómo Dios te ayudó en esta situación.

_____

_____

_____

Oración

Padre, en el nombre poderoso de tu hijo amado Jesús, te pido perdón porque muchas veces he actuado de una forma muy diferente a quien realmente soy en ti. Confieso que me quedado sin fuerzas y que he sentido desmayar. Te suplico que me ayudes y que me des fuerzas nuevas. Enséñame a depender más de ti y a recordar que esta leve tribulación producirá en mi un cada vez más excelente peso de gloria.

Padre, ayúdame a entender que todo lo que sucede está bajo tu control. Que esto va a pasar y en el cielo está escrito la fecha de vencimiento de esta prueba. Padre que mi ser interior se siga renovando cada día, yo sé que veré tu bondad y que estás a mi lado.

Padre, gracias porque ya tengo la victoria. Padre tu todo lo sabes y todo lo que tú haces es por mi bien, aun cuando no entienda, gracias. Gracias Padre, porque todos tus pensamientos para mí son buenos. Enséñame a ver con ojos espirituales, a escuchar con ojos espirituales, y a hablar esperanza. Ayúdame, y dame fuerzas, enséñame a entender que como le paso a Job mi postrer estado será mucho mejor.

Espíritu Santo, consuela mi alma. Renueva mi mente, mi corazón, mi alma, mis ojos, mis oídos, mis labios, mis manos, mis pies porque todo te pertenece. Pon en mis labios un cántico nuevo.

Amén.

 Todo lo que hagas hazlo como para el Señor y verás que esto no se trata de emociones sino de una decisión que tomas de amar.

JUSTICIA

Una oportunidad para Dios glorificarse ...en todo su esplendor
Job 1:21. *"Jehová Dio, y Jehová quito, sea el nombre de Jehová bendito".*

Job era un hombre bueno y honrado que obedecía a Dios en todo y evitaba hacer lo malo. Tenía 7 hijos y 3 hijas, y considerado como un hombre muy rico. Los hijos de Job hacían fiestas y después de cada fiesta, Job llamaba a sus hijos y celebraba una ceremonia para pedirle a Dios que les perdonara cualquier pecado que pudieran haber cometido.

También, cada mañana se levantaba temprano y presentaba a Dios una ofrenda por cada uno de sus hijos. Y dice la Palabra que el día en que los ángeles tenían por costumbre presentarse ante Dios, llegó también el ángel acusador, quien dijo que venía de recorrer la tierra. Y en esta reunión Dios describió a Job como un fiel servidor, a lo que el ángel acusador respondió que Job le servía por interés y por lo que recibe.

Y el acusador dijo que, si le quitara lo que tiene, Job le maldeciría. Dios le dio permiso que hiciera lo que quisiera pero que a Job no le quitara la vida. Y llegaron sus primeras pruebas, unos bandidos se robaron los animales y mataron gente. Otro mensajero le trajo la noticia que un rayo acaba de matar a las ovejas y a los pastores.

Luego llegó otro mensajero para informarle que bandidos mataron esclavos y se llevaron los camellos.

Finalmente, llegó un cuarto mensajero todos sus hijos estaban celebrando una fiesta y vino un fuerte viento del desierto y derribo la casa y todos los hijos de Job murieron.

Fíjense que en este momento de dolor donde perdió todo, rompió su ropa en señal de dolor, se rasuró la cabeza y se inclinó hasta el suelo para adorar a Dios y dijo: "Nada he traído a este mundo, y nada me voy a llevar, ¡Bendito a Dios cuando da! ¡Bendito a Dios cuando quita!" (Job 1, TLA). Job no ofendió a Dios ni le echo la culpa. Ya en el capítulo 42, luego que Job oró por sus amigos, Dios hizo que Job volviera a prosperar y le devolvió el doble de lo que antes tenía. En sus últimos años de vida Job recibió más bendiciones que en los primeros.

Durante cuatro años estuve trabajando para el Estado, en la unidad forense del Hospital Psiquiátrico. En su momento fue el trabajo ideal, pero, había llegado el momento de salir de ese lugar. Había sido hostigada por una compañera de trabajo constantemente y, aunque ella fue transferida, estuve por alrededor de dos años haciendo el trabajo de 2 personas. Traté por varios medios de solucionar la situación, pero no se resolvía favorablemente.

En ese tiempo me surgió una oportunidad de trabajo en un lugar donde había trabajado anteriormente. Entonces, decidí renunciar a mi posición como trabajadora social. Una vez terminé mi trabajo con el Estado comencé a trabajar para el Centro Comunitario para Hispanos. Ya había pasado un mes y había notado que algunas cosas habían cambiado repentinamente. Por ejemplo, la misma supervisora que me abrazó en mi primer día de trabajo con una sonrisa amplia, y que durante la entrevista me había asegurado de que era un trabajo seguro y estable, había cambiado radicalmente conmigo.

Cuando la saludaba no contestaba los buenos días, en otras ocasiones, si estábamos en grupo, saludaba a los demás, pero no a mí. No entendía que estaba sucediendo, pero como Manager sentía que debía tener más comunicación con mi supervisora, pero veía como ella cada día se alejaba más. El trabajo me gustaba, tenía varias personas a mi cargo, las cuales era agradable supervisar. En esos momentos, sin saber, mi atención cambiaría de enfoque.

Una de las veces que fui a arreglarme el pelo, vi que la casa del lado estaba vacía y me interesé por la casa. Había un letrero al frente de la casa y decidí llamar a pesar de que sabía que mi crédito no estaba donde yo deseaba que estuviera, pero pensé que con preguntar no perdía nada.

Cuando solicité información sobre la casa me dijeron que había muchas cosas que arreglar, y el precio que pedían no estaba tan mal. Me dijeron que tal vez debía chequear otra casa. Entonces, pregunté si ayudaban financieramente para la compra de la casa, y me dieron el nombre de una compañía y el nombre de la persona que podía contactar.

Me comuniqué con la persona, y el mismo día le expliqué acerca de las dificultades con el crédito. La persona me aseguró que lograría tener mi casa ya que me iba a ayudar, aunque la puntuación del crédito estaba baja. Yo le creí.

Ella misma me refirió con un agente de bienes raíces y comencé a mirar muchas casas, buscando una de dos cuartos y un solo piso. El tiempo pasaba y no lograba decidirme por alguna. Una tarde el agente me fue a recoger para continuar la búsqueda de casas, y me dijo "yo sé que no te gustan las casas de dos pisos, pero te voy a enseñar una".

Como ya había visto tantas casas, pensé que no perdía nada viendo está en particular. Cuando vi la casa, sin haber entrado todavía, miré al agente y le comenté: "ya encontré la casa". Él me sonrió, tenía una sensación extraña de que ya había culminado la búsqueda y no había que seguir buscando. Habíamos llegado tarde y el corredor de bienes raíces fue primero a verificar si me dejaban entrar a ver la casa. Ellos aceptaron.

Al entrar en la casa tuve una sensación de tranquilidad. Sentía que había llegado a donde tenía que llegar: una casa pequeña, cómoda, de tres cuartos, dos pisos, patio. Esta era la casa que había estado buscando. Inmediatamente le dije al agente "esta es la casa que quiero".

Luego de unos minutos en la casa, me di cuenta, que me parecían conocidos los inquilinos. Entonces recordé que los había visto en un servicio en una Iglesia que había ido a visitar con mis Pastores. Ellos me dijeron que se mudaban para Florida, que la casa había pertenecido a unos Pastores que también se habían mudado para Florida. Los inquilinos me relataron cómo les habían dicho a los dueños de la casa que no se preocuparan, que la casa se vendería. Finalmente hice una oferta por la casa y los dueños la aceptaron.

Lamentablemente, mi relación con la supervisora en el trabajo seguía igual. Continuaba con mis labores tranquilamente porque estaba enfocada en realizar mi trabajo y hacerlo bien, sobre todo por la compra de mi casa.

En un tiempo me llamaron a una reunión con la persona que me entrevistó para el puesto y la encargada del personal. Fui informada que no necesitaban más mis servicios. Obviamente pregunté la razón, pero dijeron gracias y me informaron que ya no me necesitaba más.

Solo faltaba una semana para el cierre de mi casa y como no se pierde con preguntar; indagué si era posible que me dejaran trabajando hasta el día del cierre y me contestó que no. En ese momento fue que me acorde de Job, "Jehová dio, Jehová quitó, sea el nombre de Jehová bendito".

Como la honestidad es importante, decidí llamar inmediatamente al agente inmobiliario y le conté lo sucedido. Él me dijo que si conseguía un trabajo en una semana y que pagara más de lo que me estaban pagando en el Centro Comunitario no habría ningún problema. Comprensiblemente yo no veía la posibilidad de conseguir un trabajo en tan poco tiempo.

Sin embargo, recibí una llamada de una excompañera de trabajo preguntándome del trabajo que ella me había ofrecido como consejera. Es necesario que haga una pausa para explicar lo sucedido.

Meses atrás ella me había enviado un email ofreciéndome un trabajo de consejera. Le había contestado el email diciéndole que no necesitaba el trabajo en ese momento, pero ella nunca vio el email y por eso me estaba llamando. Aun necesitaba una consejera para su trabajo. Le pregunté cuán pronto podía ser contratada, y ella me dijo: -tan pronto vengas y firmes los documentos con recursos humanos. Lo que parecía imposible, Dios lo logró. Conseguí el trabajo que necesitaba en una semana.

Comencé a trabajar y el horario era variado, la fecha del cierre de la casa lo habían cambiado varias ocasiones, pero yo me mantenía tranquila. Por lo general, tenía la costumbre de poner tres alarmas en mi celular y si no escuchaba una, posiblemente escuchaba la segunda y si no, la tercera. Pero recuerdo un sábado, no escuché la primera alarma, no escuché la segunda alarma, y menos escuché la tercera alarma.
Ese día tenía que facilitar un grupo de alrededor de 25-30 personas que estaban en tratamiento debido al uso de drogas. Comenzaba a impartir las clases a las 7 am. Cuando me levanté ya eran como las 7:30am; lo mejor que se me ocurrió fue llamar a mi supervisora y decirle que enviara a alguien que estuviera cerca para facilitar el grupo hasta que yo llegaría. Aproximadamente a las 8am estaba con el grupo, los clientes me expresaron su preocupación diciendo que yo siempre estoy puntual y estaban en lo correcto.

El lunes cuando llegué al trabajo tenía esa corazonada que tienes cuando sabes que has hecho algo mal y estas esperando la corrección. Cuando mi supervisora me llamó a su oficina ya sabía para lo que era. Ella me dijo: -te estoy dando la oportunidad que me digas qué pasó? ¿tuviste problemas con el carro? Yo respondí: ¡No! Ella preguntó: ¿tuviste una emergencia? -¡No! Ella volvió a inquirir: -dime algo para interceder por ti... Lamentable o afortunadamente sabía lo que tenía que hacer.

Esta era la oportunidad, la supervisora estaba insinuando lo que quería que yo dijera para abogar a mi favor, pero por mi mente lo único que pensaba era que no valía la pena dañar mi testimonio por un trabajo.

Claro que le dije la verdad, esto es crucial para ilustrar cómo Dios hace Su justicia al guardar sus preceptos. Me fui con mi frente en alto sin nada de qué avergonzarme. Le pedí disculpas por haber llegado tarde ese sábado y que me despidiera de mis clientes.

Luego de eso, estuve mucho tiempo con temor a las alarmas, con miedo a llegar tarde, con temor a que se volviera a repetir un incidente como ese. Llevando esto al área espiritual, le aconsejo que cuando escuche una alarma en su vida, manténgase alerta, no espere la segunda alarma porque nadie asegura que la notará.

Otra vez estaba sin trabajo, con la fecha de cierre muy cercana y me tocó llamar al agente inmobiliario. Él no podía creerlo. Me informó que tenía una semana para conseguir trabajo. Otra vez estaba en la misma posición, con la fecha de cierre y desempleada. Llegó el momento temido de la fecha de cierre y yo desempleada. Me presenté a la oficina del abogado a la hora acordada. Allí se encontraba el abogado, el agente inmobiliario, la representante de los dueños de la casa y yo.

En ese momento el abogado me pidió un cheque con un montante que de ninguna manera esperaba. Le dije: -¿de qué cheque me hablas? Me respondió: -el cheque de $4,200. Quedé anonadada, pues pensé que ya eso estaba cubierto por el programa del estado. Cuando el abogado me dijo que no, la que representaba a los dueños se excusó y se marchó. Entonces, el abogado me preguntó cuánto dinero tenía en el banco, y al decirle la cantidad, me dijo que eso no era suficiente.

El agente inmobiliario me dijo: -"pero ¿tu tenías ese dinero?" Y yo le dije: -"sí". Seguí pagando mis cuentas, no iba a atrasarme en los pagos por la compra de la casa. Me acomodé mejor en la silla y les dije: -"yo no sé lo que ustedes van a hacer, pero yo vine a buscar la llave de mi casa". Esta vez el abogado se excusó, ahí me preocupé, pero no me levanté de la silla.

Cuando el abogado regresó me dijo: -"yo voy a poner $800 pero todavía falta dinero". Y el agente dijo: -"yo puedo prestarle $700". Y así sucedió el milagro. Dios tocó el corazón de estas personas, el 7 de julio del 2016 para que yo tuviera mi casa.

Dios es bueno, he sido testigo de su fidelidad y bondad, por eso te exhorto a que no desmayes.
No te rindas, ni tires la toalla, porque Él te puede sorprender.

Ejercicio:

1. Recuerda un momento en tu vida que pensaste en rendirte
_____
_____
_____
_____
_____
_____
_____
_____

2. ¿Cómo Dios se glorificó en tu vida en esa situación?
_____
_____
_____
_____
_____
_____
_____
_____

Oración

Padre, en el nombre poderoso de tu hijo amado Jesús, te pido perdón porque muchas veces he pensado en rendirme me ha faltado la fe como le pasó a Pedro, al caminar sobre las aguas, no permitas que yo quite mi mirada de ti.

Ayúdame, Padre a que confíe en ti, aunque no vea lo que espero, quita toda amnesia de mi vida y trae a mi memoria tus maravillas, tu bondad y tu fidelidad.

Padre, tú todo lo sabes y tú tienes el control de esta situación, por eso elijo confiar en ti.

Padre, enséñame a no endurecer mi corazón por las aflicciones y las injusticias que estoy pasando.
Ayúdame a entender que de este proceso saldré victoriosa porque tú estás conmigo.

Alzaré mis ojos a lo alto de donde vendrá mi socorro, mi socorro viene de Jehová. Salmos 121:2.

Padre, ayúdame a vivir confiada en tus promesas, y en tu amor.

MI SANADOR

La palabra de Dios no retorna atrás vacía, **Isaías 55:11.** "así será mi palabra que sale de mi boca; no volverá a mi vacía, sino que hará lo que yo quiero, y será prosperada en aquello para que la envié".

En una ocasión vino a la congregación un profeta, recuerdo que ese día le pedí a Dios que me hablara. Mientras conducía a la Iglesia iba en el carro suplicándole a Dios que me hablara. Pero que no fuese algo general, quería que me hablase directamente y que supiera que esa palabra era para mí.

El profeta dio palabra a muchas personas y como era de esperar, anunció que había terminado la predica, y comenzó a despedirse. Me sentí muy desilusionada y dije: -"Señor ¿por qué no me hablaste directamente?". Entonces, el profeta dijo: -"me está viniendo a la mente Boston". Yo pensé: -"no tengo familia en Boston, tampoco esta palabra es para mí". Mas cuando dijo: -"la persona vive en la calle Boston". Comprendí que me estaba hablando a mí. Aun así, no me moví, yo oraba silenciosamente que fuera él quien se acercara a mí. Alcé los ojos y vi una luz resplandeciente encima de mí, la luz se mantuvo fija, cubriéndome por completo. Me preguntaba si los demás también la veían. El profeta se detuvo al lado de la banca donde estaba y me comenzó a hablar. Estaba tan emocionada que no pude hablar, ¡Dios no me había olvidado!

Una vez frente a mí, el profeta me dijo la palabra que Dios tenía para mí, que había dos ángeles conmigo todo el tiempo y que cuando llegara a mi casa iba a encontrar evidencia de esto.

Regresé a mi casa, y cuando entré a la sala encontré varias plumas blancas en el suelo. Yo sé que esa era la evidencia de los ángeles. Compartí esta experiencia con mi hijo, pero incrédulamente me dijo que eso seguramente fue que se le rompió el abrigo a uno de mis nietos y que era parte del relleno del abrigo. Pero yo sabía esta era la confirmación de la palabra de Dios.

Ese mismo día, en la noche, el profeta regresó a predicar en la iglesia. Al finalizar el servicio, fui donde estaba para que me dedicara el libro que estaba vendiendo. Entonces, me dijo que tenía una palabra de parte de Dios para mí: -Sanidad Integral, Finanzas y Habitar en Familia. ¡Yo le creí!

El tiempo pasó y yo seguía asistiendo a la iglesia perseverando en las cosas del Señor.

Tenía hambre de la Palabra y una necesidad de Dios increíble. En el año 2007, el Pastor convocó un ayuno congregacional y como padecía de diabetes no me veía con la posibilidad de realizar el ayuno.

Observé cómo mis hermanos de la iglesia estaban entusiasmados y tenían experiencia en cuanto el ayuno se refiere. Para mí, sin embargo, era algo nuevo y que no me producía ningún entusiasmo. No obstante, mi corazón anhelaba hacer el ayuno y le pedí a Dios que me ayudara a hacer el ayuno un día solamente. Yo lo pude realizar un día, luego otro día, y cuando vine a ver, había completado el ayuno de Daniel, los 21 días, como se había convocado en la iglesia. Fue increíble, como viviendo un día a la vez había podido completar el ayuno. Mi preocupación comenzó cuando al final del ayuno me enfermé gravemente, me dieron unos mareos más allá de lo común, me vi en la necesidad de ir al hospital urgente.

Cuando me revisaron en el hospital me dijeron que no tenía diabetes, y no había ninguna evidencia en mi sangre como si alguna vez lo hubiera tenido. Los médicos recomendaron de inmediato parar los medicamentos que estaba utilizando, Metformin 500 mg. Ellos estaban sorprendidos y me preguntaron qué había hecho para no tener más diabetes; les dije que no había hecho nada, Dios me había sanado.

Los médicos no encontraron ninguna razón lógica y me dijeron que, aunque hubiera desaparecido la diabetes que yo padecía por más de diez años, ellos tenían la responsabilidad de repetirme los laboratorios cada tres meses. Estuve de acuerdo, y cada vez que me hacían laboratorios, los resultados llegaban igual, como si nunca hubiera tenido diabetes. Ya los médicos no han insistido más en seguir chequeando la diabetes.

En el año 2007, mientras me encontraba en la sala de mi casa, tuve que llamar a mi doctora porque me dio un fuerte dolor de cabeza. Estos estaban ocurriendo frecuentemente. Luego de varios exámenes se confirmó que padecía de migrañas. Durante muchos años estuve padeciendo de migraña crónica, cada vez que venían esos dolores de cabeza la luz me molestaba, el ruido me molestaba, y lo peor que todo, es que nada parecía ayudar con la migraña. Muchas veces lloré, en ocasiones me arrodillé pidiendo a Dios que me sanara y todo el dolor lo sufrí con mis hijos, quienes fueron testigos de cuanto sufrí. Busqué remedios naturales, busqué en Google, Youtube. La doctora ya no sabía qué medicamento recetar y me había prescrito un medicamento que me debía inyectar cuando me comenzara la migraña.

En el 2016, recuerdo fui al estudio de la iglesia y ya me estaba comenzando el dolor de cabeza. Cuando la Pastora me vio, notó que algo me pasaba. Me dijo que mi color había cambiado y que estaba pálida. Le confesé que sufría de migraña crónica y cómo el dolor era tan insoportable que sentía que me iba a desmayar. Los pastores oraron por mí y después de tantos remedios y medicamentos que no funcionaron, la oración fue lo más efectivo para mí. Esa fue la última vez que tuve un ataque de migraña. Dios es bueno y para siempre es su misericordia. En el reloj de Dios esa era la hora que estaba destinada para mi milagro.

Dios lo hizo, Él es fiel y para siempre es su misericordia.

Ejercicio:

1. Dime, ¿qué milagro de sanidad necesitas hoy? ¿Qué le estas pidiendo a Dios que haga por ti?
_____
_____
_____

2. Escribe tu versículo de la Biblia favorita que está relacionado con la sanidad.

_____

_____

_____

3. ¿Qué historia de sanidad de la Biblia toca tu corazón y por qué? ¿Qué lección aprendes de esa historia?

_____

_____

_____

Oración

Padre, en el nombre poderoso de tu hijo amado Jesús, yo te conozco como un Dios de milagros, como un Dios que sana, como un Dios que restaura. Sé que has hecho muchos milagros, y en Hebreos nos dice que sigues siendo el mismo porque tú nunca cambias, y yo lo creo.

Señor, llevaste nuestras enfermedades a la cruz. Tu Palabra dice que sanas nuestras enfermedades. Salmos 30 dice: "te pedí auxilio y me sanaste". Padre, te pido que hagas un milagro. Que tengas misericordia de mí, y que todo mi cuerpo comience a funcionar normalmente. Padre, que tu voluntad se haga una realidad en mi vida, que tu propósito se cumpla en mí.

Señor, dame fuerzas cuando no las tenga, tú me ayudas en mi debilidad y soy fuerte en ti. Ayúdame Padre, a caminar de acuerdo con el propósito que tienes para mí. Te amo Dios. Lo que deseo es recibir lo que ya tienes preparado para mí. Que lo crea y lo valore. Ayúdame a entender que lo posible yo lo haré con tu ayuda, y que siempre dependa de ti.

Padre, ayúdame a ver y a entender que mis tiempos están en tus manos, que tienes cuidado de mí. Que todo lo sabes, y tienes el control de todo lo que sucede. Amén.

EL PERDÓN

"Antes sed benignos unos con otros, misericordiosos, perdonándonos unos a otros, como Dios también os perdono a vosotros en Cristo". **Efesios 4:32**.

Crecí escuchando la frase "yo perdono, pero no olvido", y esto se había vuelto una verdad en mi vida. Había internalizado tanto esta frase que ese pensamiento se volvió un hábito y una parte muy arraigada en mí.

Las consecuencias no se hacen esperar cuando algo se vuelve parte de ti. Si siembras una semilla tendrás un árbol, una planta, una flor, pero si siembras falta de perdón la cosecha será rencor, raíces de amargura, odio. Según el Diccionario de la Lengua Española Vox, una atadura es el impedimento físico o moral que estorba, impide o dificulta la realización de algo.

La falta de perdón es una atadura, porque sólo una persona que no ama puede decidir quedarse en esta jaula que no le permitirá crecer espiritualmente. Esta es una clara indicación de falta de madurez espiritual.

¿Qué harías si personas que hablaron de ti, te rechazaron, te calumniaron, te despreciaron y te juzgaron duramente, tocaran la puerta de tu casa sin más testigos y te pidieran ayuda? Piensa sinceramente ¿qué harías? Piensa por unos segundos que esa persona es la que últimamente te ha hecho la vida imposible, ¿la ayudarías? o ¿le cerrarías la puerta en la cara o la insultarías?

No sé qué harías, pero quiero compartir mi propio testimonio cuando tuve que enfrentar algo similar. Esta persona que había hablado mal de mí. Me había acusado de cosas que no eran ciertas y aunque trate de arreglar la situación con ella. Esto se me dificultó debido a la actitud de ella, de no ceder ante lo que decía. Pensaba que lo que estaba haciendo era correcto.

La amistad se había roto por esta razón, y una noche ella tocó la puerta de mi casa mientras me encontraba viendo televisión en la sala. Me pidió que le ayudara, necesitaba agua, ya que había tenido problemas con el agua en su casa.

Realmente era lo menos que esperaba y decidí ayudarla. Ella estaba muy sorprendida. Aun así, la ayudé, al día siguiente también me puse a sus órdenes. A partir de ese momento todo cambió.

Cuando decides perdonar, tienes que comenzar en cero. Como si nunca hubiera ocurrido esa interrupción en la comunicación y en la amistad. Todo comenzó por hacer "algo" o dar un pequeño paso. Aunque no lo sientas en ese momento, debes hacerlo. El acto de perdonar es un acto de amor no solo hacia la otra persona, sino hacia ti mismo.

La decisión de perdonar no es fácil, pero si quieres saber si has perdonado de corazón, tu comportamiento y tu actitud hablarán por si solas. Si la persona no te quiere perdonar, quédate en paz y ora por él, tú ya hiciste tu parte. Confía que Dios tiene el control.

El comportamiento y la actitud que se demuestra cuando has perdonado es sin rencor. También es sincero, no trae el pasado constantemente y no reclama. Eso es perdonar.

Este asunto no se trata de quién tiene la razón. Una vez me preguntaron qué opinaba de la falta de perdón, y dije a la persona: -"imagina que vas a visitar a alguien en una cárcel de máxima seguridad. Cuando llegas, la persona te entrega la llave y tú te encierras en la celda. Ella es libre, pero tú ocupas su lugar. Quedas prisionero cuando no perdonas".

Es importante comprender que, si Dios nos ha perdonado todo, dio a su único hijo por mí y por ti, entonces, ¿con qué derecho nos negamos a perdonar a otra persona que nos ha faltado? El Señor nos dice en su palabra en Efesios 4:32. "Sean bondadosos y misericordiosos y perdónense unos a otros, así como también Dios los perdonó a ustedes en Cristo".

De pequeña, recuerdo que mi mamá me decía que: "un vaso de agua no se le niega a nadie". El perdón es ese vaso de agua. Hoy te invito a que reflexiones. Si hay una persona que necesitas perdonar, ¡Hazlo ya! Y si la persona no está viva, dile al Padre que perdonas lo que esa persona te ha hecho, de la misma forma que Él te ha perdonado.

No estoy diciendo que sea fácil perdonar. Esto no se trata de emoción, sino más bien de una decisión que puede sanar y una oportunidad para dar lo que hemos recibido. El perdón es una experiencia liberadora, un acto de amor hacia el prójimo y hacia ti. *¡Date una oportunidad y perdona!*

Una de las formas de saber si has perdonado de verdad, cuando hablas de la situación no duele. La sanidad se practica cada vez que te acuerdas, te duele y perdonas otra vez. Es importante hacerlo. Recuerdo una experiencia que me marcó mucho. Ocurrió que una persona lastimó mi dignidad grandemente. Había sido abusada en mi niñez por alguien muy cercano a mí y quise confrontar a la persona. A raíz de esto, planifiqué una reunión con él para hacerle saber lo que significó para mí lo que había hecho.

En ese proceso de querer reunirme para reclamarle, me enfermé. Físicamente no podía dar un paso. Por esta razón, decidí cancelar la reunión. Primero, concluí que debía perdonarme. Segundo, decidí perdonarlo, pues, había quedado presa de esa emoción por mucho tiempo y tercero, renuncié a esa emoción inmediatamente. Decidí perdonar con todo el corazón. Cuestioné si de verdad era tan importante como pensaba o si era más importante ser libre. En ese momento decidí ser libre, decidí ser sana, decidí perdonar, decidí amar.

Puede que la decisión de perdonar te cueste, pero precisamente de eso se trata: hacer algo que nos cueste, por obediencia. Hoy no sé si estás dispuesto a hacerlo. Si ya Cristo hizo todo por ti y Él nos regaló el perdón a pesar de que no lo merecíamos, ¿qué te impide dar el paso? Dios, en su infinito amor, nos perdonó "todo" lo que hemos hecho mal, sabe que no somos perfectos.

Ejercicio:

1. Piensa en esa persona que te causa enojo o dolor cuando estas cerca de esa persona.

_____

_____

2. Analiza los acontecimientos que iniciaron tu falta de perdón.

_____

_____

3. Si está a tu alcance y puedes, trata de realizar un acercamiento con la persona que te lastimó o que te ofendió.

_____

_____

4. Piensa en la forma que te sentiste, ¿todavía te sientes herido?

_____

_____

5. Decide perdonar

Oración:

Padre, en el nombre poderoso de tu hijo amado Jesús, te pido perdón porque muchas veces he actuado de una forma muy egoísta, diferente a quien realmente soy en ti. Me arrepiento y te pido que me ayudes Padre, a que sea lo que dice tu Palabra. A que actúe como hija, que hable como hija, pero sobre todas las cosas, que actué en obediencia a lo que dice tu Palabra. Padre, tú me perdonaste y me recibiste con los brazos abiertos. Permíteme hacer lo mismo con _____ para que pueda reflejar tu amor y tu gloria.

Padre, cuando se me haga difícil perdonar a otros, tráeme a memoria tu sacrificio, tu amor y sobre todo tu perdón. Padre, me arrepiento. Ayúdame a hablar cuando debo y a actuar de acuerdo con lo que está en tu Palabra sin titubear.

EL DESIERTO
Soledad en Tiempos Difíciles

En muchas ocasiones, Dios te va a llevar a procesos donde lo vas a pasar en soledad. Este tiempo, te acercarás más a Dios. Ahí podrás entender que cuando quitamos los ojos del problema, de la situación que nos está agobiando, el Señor está esperando que recurramos a Él.

"Puestos los Ojos en Jesús, el autor y consumidor de la fe, el cual por el gozo puesto de él sufrió la cruz, menospreciando el oprobio, y se sentó a la diestra del trono de Dios". **Hebreos 12:2.**

Una de las cosas que aprendí muy temprano, en mis comienzos en el Evangelio, fue esta frase que marcó mi vida. También fue la que me ayudó a perseverar cuando vinieron momentos difíciles: "puestos los ojos en Jesús". Mi mejor amiga me dijo: "los hermanos te van a desilusionar, el pastor te va a desilusionar. No importa lo que veas, mantén tus ojos puestos en Jesús". No pasó mucho tiempo para que comprendiera el valor y la importancia de sus palabras. Me desilusioné no una ni dos veces. Cada vez que sufría alguna desilusión recordaba que mi enfoque debía estar en Jesús.

Una tarde, mientras me preparaba para ir a mi trabajo en la cárcel de Smyrna, para luego dirigirme al "baby-shower" de mi supervisora, recibí una llamada de una trabajadora social del Hospital de Veteranos en Puerto Rico. Esta mencionó cómo había tratado por un par de meses de encontrar -sin éxito alguno- a un familiar de mi padre. Verdaderamente me sorprendí porque le dije que ambos estábamos constantemente en comunicación, pero desde hacía como un mes no podía comunicar con él.

Simplemente pensé que había decidido mudarse repentinamente y que pronto me avisaría.

En esta conversación, la trabajadora social me informó que mi padre padecía de una condición del corazón y que le quedaba muy poco tiempo de vida. No tenían más opción que enviarle a un hospicio.

Esto me sorprendió, ya que mi papá nunca me mencionó que tuviera alguna condición cardíaca. Entonces, le pedí que no lo enviara al hospicio porque yo me lo traería a vivir a Delaware conmigo para que estuviera junto a la familia. Ella estuvo de acuerdo y me preguntó cuando viajaría a Puerto Rico. Le respondí que no le podía contestar con certeza en ese momento y que me iba a comunicar constantemente con ella para recibir noticias de mi papá.

La distancia para llegar hasta mi trabajo era alrededor de unos 45 minutos. Durante el camino, sentía las lágrimas correr por mis mejillas y a veces eran tantas que se me nublaba la vista. Me secaba la cara y mis ojos con las palmas de mi mano, y volvía a sentir lágrimas una tras otra correr por mi cara. Llegué al Baby shower de mi supervisora. En el estacionamiento tuve tiempo de arreglarme, limpiarme la cara y fingir que nada sucedía.

Allí compartí con mi supervisora y con compañeros de trabajo. No les comenté nada a nadie de la noticia que había recibido.

Mas tarde, le entregué el obsequio que había comprado para mi supervisora. Me tuve que retirar temprano porque era mi turno de trabajar, y quedaba a unos cinco minutos del lugar del "baby-shower". Me subí al carro y las lágrimas comenzaron a correr por mis mejillas nuevamente. Llegué al trabajo y otra vez tuve que fingir que nos pasaba nada. No hice ningún comentario a nadie. Al salir de ahí, lloré por 45 minutos mientras me dirigía a casa donde me puse a reflexionar sobre lo que estaba viviendo.

El Señor me hizo sentir calma. Una paz y serenidad indescriptibles. Sentí que su presencia iba conmigo. Me dijo que esperara y que me diría cual era el momento adecuado para viajar a Puerto Rico.

Aunque en ese momento quería salir inmediatamente a buscar a mi padre, decidí ser obediente al Espíritu Santo.

Al otro día, decidí compartir con mi hija lo que estaba aconteciendo con su abuelo. Ella me dijo que me acompañaría a buscarlo a Puerto Rico, lo cual accedí.

Pasaban los días, y mi hija me preguntaba "¿qué día vamos a buscar a abuelo?" yo no tenía una respuesta. Estaba esperando el momento adecuado para ir porque tenía la seguridad de que Dios me iba a guiar para viajar en el momento oportuno.

En varias ocasiones mi hija me reclamó, pues, tenía temor que mi papá muriera solo en Puerto Rico. Yo le insistía que tuviera paciencia, puesto que ya había hablado con mi supervisora y esta había aprobado el tiempo para encargarme de mi papá. Solo faltaba que diera mi fecha de partida. Sin embargo, a pesar de todo, no le había comentado a nadie más en el trabajo lo sucedido con mi papá.

Una tarde, mientras laboraba, un compañero asignado a otra área me dijo: "me dijeron que vas para Puerto Rico". Cuando él lo dijo, yo sentí la confirmación que ese era el tiempo de buscar mi a padre. Ese mismo día llamé a mi hija y le comuniqué que ya había que preparar el viaje. Antes que nada, llamé la trabajadora social del Hospital de Veteranos en Puerto Rico y le confirmé que ya estaba en proceso para ir al país.

Salimos hacia Puerto Rico y solo pude ver a mi papá en el hospital. Aunque él estaba autorizado para salir de la isla, su salud era frágil e inestable, y por consiguiente, dependía de la autorización del doctor.

Finalmente, llego el día en que mi padre fue dado de alta del hospital y que podía viajar conmigo a Delaware, pero esto no sería tan fácil como pensaba. Mi hermano, quien vivía en Puerto Rico, mi hija y mi nieto me acompañaron a buscarlo ese día. Al salir, le dije a mi hermano que me esperara mientras buscaba el carro en el estacionamiento. Éste era de varios pisos y para ir más rápido decidí tomar el ascensor.

Primero, para mi sorpresa, me quedé encerrada por más de media hora en el ascensor con dos desconocidos y uno de ellos gritando. Al llamar a emergencia para informar que lo sucedido, nadie podía escucharme.

Segundo, me doy cuenta de que se habían llevado la silla de ruedas destinada al servicio de mi padre, pues, uno de los empleados pensó que no estaba asignada. Allí estuvimos esperando un largo rato hasta que al fin apareció la silla.

Anteriormente, yo le había escrito su nombre atrás para identificarla y por eso fue más fácil dar con ella.

La tarea de llevarnos a mi padre a un mejor lugar se había complicado, pero finalmente fuimos capaces de llevarlo con nosotros a Delaware donde recibiría mejores servicios del Hospital de Veteranos. Una vez allí, Papá comenzó a recibir servicios de hospicio en el hogar y todos los días venía alguien a ayudar con su aseo personal y alimentación. Además, de proveer todo lo que se necesitaba para su cuidado, también le visitaba una voluntaria, lo cual me permitía seguir asistiendo fielmente a la iglesia.

Recuerdo que tiempo después, Dios me estaba inquietando para que le presentara el plan de salvación a mi papá. Esa tarde quedó plasmada por siempre en mi memoria. Estábamos a solas en casa y le dije que tenía que compartir algo muy importante con él. Le leí La Palabra, y luego le pregunté: "¿quieres aceptar a Jesús como tu Salvador? Él me respondió dos veces y lleno de un gran entusiasmo: "quiero a Jesús, quiero a Jesús". Repitió la oración después de mí para aceptar a Jesús como su Señor y Salvador. En ese momento se sentía en el cuarto una presencia de Dios poderosa.

En otra ocasión, recuerdo que hablé con una hermana la cual tenía un esposo que pertenecía al ministerio de alabanza, quería llevarle una serenata a mi Papá, ya que a él le gustaba mucho la música. Nunca recibí una respuesta de su parte, entonces decidí contactar a otro guitarrista y coordinamos cuando llevaríamos la serenata. Ese día fue inolvidable, llegó el guitarrista con su esposa y estuvimos todos en la sala cantando juntos, riéndonos. Hasta pudimos cantar esa sonada canción "por si no hay un mañana", ¡Mi Papá se veía muy feliz!

Al terminar, el ministro le dijo a mi Papá que quería hacer una oración por él y le preguntó qué por qué quería que orara. Él le dijo: "por mi mujer, ella está bien enferma". Yo pensé, "si él que está enfermo es él, Mamá está estable", y el ministro hizo la oración.

Aproximadamente una semana después, su enfermera, quien le visitaba en casa me dijo: -"prepárense porque a su Papá le queda menos de una semana de vida. Su muerte puede ocurrir en cualquier momento". Llamé a mi Pastor quien vino enseguida a vernos y fue al cuarto a hablar con él.

De repente el Pastor salió y me dijo: ¿dónde está el enfermo? porque a Don Luis yo no lo veo enfermo. Desde ese momento, mi padre mejoró súbitamente y estuvo entre nosotros por más de una semana. Debido a su pronóstico, dejé mi trabajo por un tiempo y así dedicarme completamente a su cuidado y darle lo mejor de mí.

Una noche, estaba con mi papá y me pidió un café. Yo le dije: "el café no te hace bien", pues, él se enfermaba cuando lo tomaba. A esto respondió: "¿y si me muero mañana?". Podrás imaginarte lo que sucedió después. Me fui directamente a la cocina y le preparé el café. ¡Hasta le di galletas!

En esos días, mientras le cuidaba, me pregunté porque no recibía nunca una visita. Cuestionaba dónde estaban los hermanos de la Iglesia y sobre todo por qué nadie venía a darme apoyo, especialmente cuando tanto lo necesitaba. Este amargo desierto lo tuve que atravesar sola. Me sentía paralizada y que no podía hacer nada en la casa. Temía que al meterme en la ducha mi padre falleciera en ese momento.

Cuando le pregunté a Dios porqué estaba tan sola, Él me dijo: "este es un momento entre tú y yo". Ahora lo entiendo, la fortaleza que tuve al momento de su partida, esta fue definitivamente sobrenatural. Recibí una paz que iba más allá de lo normal; con razón Jesús dijo: "mi paz os dejo", ¡Porque va más allá de lo humano!

Job experimentó la misma soledad. Su compañera no lo apoyó, perdió sus hijos, sus propiedades y hasta sus amigos lo juzgaron. Pero Dios no lo abandonó. Hermano, quiero que comprendas que en tus momentos difíciles no estás solo, porque Dios, nuestro ayudador, está con nosotros. Él te da las fuerzas necesarias para que sigas adelante.

He aprendido que a veces las cosas no son lo que aparentan. Tenemos que disfrutar los momentos que podemos compartir con familiares y amigos, al igual que los momentos donde tu única compañera es la soledad. Como dijo Pablo: "he aprendido a estar contento en cualquier situación". El salmista también sintió la soledad y suplicó: "vuelve a mi tu rostro y tenme compasión, pues me encuentro solo y afligido". Salmos 25:16.

La palabra narra muchas historias de hombres y mujeres de Dios que experimentaron la soledad. Entre ellos, José, se encontró en varias situaciones donde no solo fue alejado de su familia y fue despreciado por sus propios hermanos. Jesús mismo dijo: "¿por qué me has abandonado?" Cuando estaba en la cruz.

Él observó que todos empezaron a alejarse, otros huyeron en su momento más difícil. Juan 6:66-68, nos dice: "a partir de entonces muchos de sus discípulos dejaron de seguirlo, y ya no andaban con él. Entonces, Jesús dijo a los doce: "¿también ustedes quieren irse?". Así como a Jesús, muchos te abandonarán cuando estés pasando el desierto. Y cuando esto suceda, recuerda que Dios es fiel. Aunque todos te abandonen, Él es fiel.

Como podemos notar, la soledad entonces no es mala. Si la utilizamos sabiamente y de una forma que tomemos ventaja de ella, esta es de gran bendición. Jesús se apartó de los discípulos para orar, es decir, ¡buscó estar solo!

Jesús buscó estar solo cuando tenía que tomar decisiones importantes, como la de escoger a sus discípulos. Oró toda la noche (Lucas 6:12-13). Cuando quería hablar con el Padre, antes de ir a predicar (Marcos 1:35-36) y después de sanar a la gente (Lucas 5:15).

Cuando llegó el día de mi angustia, era sábado. Mi papá comenzó a quejarse que le molestaba el "folie", el catéter que tenía para orinar. Llamé a la enfermera para que lo revisara y ella lo arregló. Sin embargo, horas más tarde mi papá empezó a gritar y a quejarse nuevamente, la enfermera vino otra vez y ella sugirió que lo llevaran al hospital.

Lo trasladamos al hospital de Clayton Street en Wilmington. Allí estuve hasta la madrugada y me acompañaba mi hermana mayor, en esta ocasión se encontraba de visita. El médico que lo revisó me dijo que lo tenían que llevar al hospicio en el sexto piso. Mi padre ya estaba muy delicado y le quedaba poco tiempo de vida. Decidí irme a la casa. Me encontraba muy cansada físicamente y dejé la información para que me llamaran si me necesitaban en cualquier momento.

Al otro día, fui al servicio de mi iglesia y una de las danzarinas vino donde mí, me abrazó llorando y me decía sin cesar: -"tus padres". Me dije que a lo mejor se refería solamente a mi padre. Volví a la banca y mientras tenía levantadas mis manos durante la adoración recibí una llamada. Por lo general no estoy pendiente el teléfono, pero pensé que podía ser relacionado a mi Papá. Me fijé que la llamada venía del asilo de ancianos donde se encontraba mi madre, me fui al cuarto que le decían de los llorones, y ahí atendí la llamada.

Me dijeron que mi mamá estaba teniendo convulsiones y estaban pidiendo autorización para llevarla para el hospital y a recibir tratamiento. Les dije que yo llegaría al hospital y la llevaron al hospital ubicado en Clayton Street en Wilmington. Mi hermana, quien estaba a mi lado, me preguntó que si la llamada tenía que ver con nuestro padre. Le dije que no y seguí con mis manos levantadas al cielo. Unos minutos después, mi hermana me preguntó: -¿"es mami"? Yo le dije que sí. Inmediatamente mi hermana dijo: -¡Vámonos!

Le prometí avisarle cuando fuera el momento adecuado, ya que la iba a buscar una ambulancia.

Luego de un rato, me fui de la iglesia y justo llegando al hospital, llega la ambulancia con mi madre y pudimos ver cuando la bajaron. Mi mamá me miraba de una forma penetrante, como si quisiera hablar con sus ojos. Me percaté cuando los médicos la atendían que estaba sufriendo convulsiones. Esto fue muy doloroso para mí.

Los médicos me dijeron que tenían que enviarla a hospicio en el sexto piso, ya que al igual que mi padre, no le quedaba mucho tiempo de vida. Mis padres habían terminado uno al lado del otro, ¡Juntos! Desde ese momento me quedé en el hospital. Me pasaba un rato con uno y otro rato con otro. A veces sentía que mi corazón estaba dividido en dos partes.

Al día siguiente de haber llegado al hospital, los médicos vinieron a hablar conmigo y me dijeron que a mi papá le quedaba aproximadamente una semana de vida. Pude mantener la compostura porque en realidad ya lo sabía. Cuando le pregunté que cual era la condición de mi madre, y me dijeron lo mismo también. Era como si me hubiera caído algo encima. Muchos pensamientos vinieron a mi mente.

Días después, tuve un sueño en el cual miraba por una ventana a mi padre muy contento. Bailaba con una figura femenina rodeada de luces en un jardín muy bonito. Yo podía verlo, pero no podía pasar al jardín. De repente, mientras miraba por la ventana, se me cayó una pantalla color plateada redonda que tenía puesta. Mi papá vino bailando hacia mí. Puso una mano atrás y otra extendida al frente con la pantalla. Se inclinó un poco como bromeando y yo cogí la pantalla de la palma de su mano. (*Pantalla es un término usado en Puerto Rico para referirse a lo que se conoce en otros países como aretes o pendientes*)

Cuando desperté del sueño tenía la seguridad de que mi papá sería el primero en partir. Así fue como entendí el sueño. Mi Pastor me llamó y cuando le compartí el sueño, me comentó que había sido un sueño bonito y que mi Papá tenía libertad ahora.

Mi hermana mayor me comentó mientras estábamos quedándonos en el hospital, que alguien le había dicho que cuando pones personas que están muriendo en un mismo cuarto suceden cosas impresionantes. Así que hablé con las enfermeras y les dije que quería poner a mis padres en el mismo cuarto. Ellas llevaron a mi papá al cuarto de mi madre. Tan pronto entraron su cama y lo acomodaron, despertaron los dos al mismo tiempo.

Fue un momento inolvidable ver que los dos estaban juntos en el mismo cuarto. También ser testigo del amor que ellos se tenían uno al otro. Se miraron como si se estuvieran enamorando nuevamente.

Me sentí maravillada de ver como Dios prepara las cosas de una manera tan hermosa y perfecta. Sobre todo, tener el privilegio de ser testigo de un milagro. Mi papá se sentó, comenzó a llorar mirando hacia donde estaba ella y luego dijo: -"mami". Mi papá intentó hablarme, pero no se le podía entender. Mis hermanos, quienes estaban en el cuarto, me dijeron que él me quería dar un abrazo. Mi papá me abrazó y yo lo abracé. Luego, se quedó un rato sentado.

Luego mi mamá, quien hacía años no pronunciaba palabra, gritó en alta voz: -¡OLGA! Todos nos quedamos muy sorprendidos. Me acerqué a ella y trató de hablarme. Comenzó a balbucear y, cuando le pregunté si quería decirme algo, movía la cabeza asintiendo.

El cuarto, en unos minutos se llenó de empleados del hospital que vinieron a presenciar lo que había acontecido. Ellos lo describieron como un milagro de amor. Alguien que llevaba mucho tiempo trabajando para el hospital, nos dijo que hacía quince años había pasado algo similar con un matrimonio en ese mismo piso del hospital. Luego de ese momento extraordinario, mis padres volvieron a caer en coma y volvimos a colocarlos en cuartos separados.

Una tarde, mientras me encontraba con mi papá y el resto de la familia, observé que tenía sus manos muy hinchadas. Al mismo tiempo, me estaba dando un olor muy extraño que nunca pude definir que era. Luego, advertí que apenas respiraba. Llamé al personal del hospital quien lo examinó y confirmó que él ya se estaba muriendo en ese momento.

Le dije a mis hermanos y los que estaban presentes de la familia que cada uno pasara y se despidieran de él. Yo quise ser la última. Cuando estuve a su lado, le dije que no se preocupara por mí que yo iba a estar bien. Ese día fue la última vez que hablé con mi papá.

El hospital me comunicó con la funeraria que ya había escogido. Les pedí que vinieran a recoger el cuerpo de mi padre en tres horas. Al otro día, sin que hubieran pasado ni doce horas de la partida de mi padre, mi madre comenzó a tener problemas. La enfermera nos dijo que se estaba muriendo. Yo decidí ir a buscar a mi hermano menor para que estuviera presente, pero debido al tráfico, cuando regresé, mi madre había fallecido. Me dolió enormemente no haber estado allí en ese momento. Fue un momento muy difícil. Ambos habían partido con el Señor. Finalmente, su sufrimiento había terminado.

En la funeraria estaban los dos féretros blancos que contenían los cuerpos de mis padres. Momentos después, fuimos al cementerio donde por primera vez presencié los actos que se realizan cuando muere un veterano. Cuando me entregaron la bandera, fue un momento muy hermoso a pesar de estar triste. Los dos están enterrados juntos, en el mismo lugar, en el Cementerio de Veteranos en Delaware.

Ejercicio:

1. Describe algún tiempo en tu vida que has estado solo o que te has sentido en soledad o abandonado.
_____
_____
_____
_____
_____

2. Menciona qué te ayudó en esos momentos de soledad y lo que aprendiste.
_____
_____
_____
_____

3. ¿Cuál versículo de la Biblia puedes leer cuando te sientes solo?
_____
_____
_____
_____

Oración:

Padre, en el nombre poderoso de tu hijo amado Jesús, escucha mi clamor porque en ti he confiado. Estoy ante ti, primero que nada, pidiéndote perdón porque muchas veces me he alejado de tu verdad. Hoy me siento sola, y quiero que me recuerdes Señor que eres real, y que estás conmigo. Permite que te pueda sentir en el aire, verte en todo lo que mire, sentir tu compañía. Que se haga real en mi vida tu palabra que está en Isaías 43:2, "cuando pases por las aguas tu estarás conmigo". Abre mis ojos para que yo lo vea, agudiza mis sentidos para que yo lo sienta, lo viva y lo crea. Le he dicho a mi alma: "¿Por qué te abates, alma mía y porque te turbas dentro de mí? Espera en Dios, pues he de alabarle otra vez. Él es la salvación de mi ser y mi Dios". Salmos 42:11.

Padre, te necesito hoy más que nunca. Dame fuerzas como solo tú sabes darla. Te amo Dios y lo que deseo es que lo que ya tú tienes para mi yo lo crea. Ayúdame a entender que lo posible lo haré solo con tu ayuda, y que siempre dependa de ti.

Padre, ayúdame a entender que no estoy sola porque tú estás conmigo. En el nombre poderoso de tu hijo amado Jesús.

Amén.

AL OTRO LADO

Su misericordia es grande, *"Porque el que me halle, hallará la vida, y alcanzará el favor de Jehová"*, **Proverbios 8:35.**

El amor de Dios es infinito. Por eso, aunque el mundo entero se ponga de acuerdo en perjudicarte, cuando Dios te ha escogido, el Universo entero se armoniza con su Palabra. Todo tiene que obedecerle, porque todo lo que es fue hecho por Él de lo que no había. Él puso orden donde no lo había. Esta vida que era un desastre sin él, aunque tuvieras todo lo material, no era nada si no tenías a Dios. Ahora la vida tiene sentido. Ahora puedo entender, porque no tienes sabiduría cuando se vive de espaldas a Dios, o cuando lo tienes part-time.

Tu vida entera tiene que girar alrededor de lo que es Dios, de lo que dice su Palabra porque lo necesitamos. Antes sentía un vacío en mi vida que no entendía. En ningún lugar me sentía a gusto hasta que tuve un encuentro con el Señor. Él llenó todos esos vacíos que había en mi interior.

Mientras estemos alejados de Dios estaremos vacíos, porque hemos sido diseñados para adorar a nuestro Creador, nuestro Padre Celestial. Él es más que poderoso para cumplir lo que ha prometido en tu vida. Yo soy testigo del favor de Dios. He visto cosas maravillosas que ha hecho. Si no hubiera sido así, con el solo hecho de salvarme hubiera sido suficiente. Pero en su infinito amor, en su infinita misericordia, Él nos da mucho más de lo que merecemos.

En el 2016, tuve un sueño donde estaba de pie en un puente mirando hacia el otro lado. Sabía a donde iba, entonces vi como un hombre que también quería llegar al otro lado tenía miedo y se aguantaba.

Vi cuando miraba hacia abajo, y yo dije: -"déjame ver porque tiene miedo". Pude distinguir una ciudad donde lo único que podías distinguir eran muchas luces pequeñas. Luego seguí mirando hacia al frente y vi otro hombre que tenía muchas destrezas y que sabía cómo llegar al otro lado del puente. De repente aparecí al otro lado del puente.

Al compartir este sueño con Julie, una compañera de trabajo cristiana, me dijo que la ciudad que vi son personas a las cuales les voy a hablar de la Palabra de Dios y por eso veía luces.

Muchas veces Dios nos encomienda una tarea y sin haber comenzado sentimos miedo de lo que vemos. Si nos enfocamos en Su visión y que el Todopoderoso está con nosotros, podremos sacar fuerzas para llegar al otro lado del puente. Yo no sé si estás preocupado por lo que ves, pero como Eliseo le dijo a su siervo, así también te digo: "mira otra vez".

En primera Samuel se narra como David huyendo de Saúl llegó a la cueva de Adulam. Y vemos cómo los afligidos, los endeudados y los que se hallaban en amargura de espíritu llegaron hasta la cueva. Por eso te digo hermano, cuando Dios te ha llamado, puedes huir, pero tu propósito te va a perseguir y te va a alcanzar.

Solo por su infinito amor estamos aquí, y no sé dónde Dios te quiere llevar, pero no te enfoques en los obstáculos. Después que el dador de la vida está a tu lado, todo lo demás pasa a segundo plano. No te dejes dominar por la intimidación, más bien grita a los cuatro vientos quien es Cristo y lo que ha hecho en tu vida. Ya estas equipado con todo lo que necesitas (Isaías 43:18-19). Con el siguiente ejemplo, les ilustro con más detalle lo que les quiero decir.

Cuando trabajaba para el Centro para hispanos tuve la oportunidad de ayudar voluntariamente para que ellos se registraran para ejercer su derecho al voto. Igualmente, contribuí para que participaran más voluntarios en cada estado de los Estados Unidos. Una tarde recibí una llamada de alguien que se identificó como la ayudante de la gobernadora de Puerto Rico. Yo pensé que era una broma y me dijeron que me habían seleccionado para hablar tres minutos en una conferencia de prensa que iba a ofrecer la gobernadora de Puerto Rico en Washington.

Me dijeron que la conferencia de prensa era para informar oficialmente lo exitoso de la campaña y para que la gente que faltaba se registrara para votar en Estados Unidos.

El personal de una asociación de puertorriqueños en Washington se comunicó conmigo y me dieron los detalles, indicando que hablaría justo antes de la gobernadora de Puerto Rico y que solo podía hablar en inglés. La asociación se encargó de mi transporte en Washington y como acordado hablé solo por tres minutos. Sin embargo, por alguna razón desconocida hablé al final en español y vi como los representantes de los medios noticiosos se pusieron de pie aplaudiendo.

Luego, nos fuimos a un hotel a celebrar donde conocí a otros hispanos que me describieron como una activista social y me dijeron que tengo la habilidad de atraer masas. Realmente reconozco que esto que sucedió lo permitió Dios. Abrir esa puerta no solo era algo que yo nunca hubiera ni siquiera imaginado, sino que de tantos estados y tantos voluntarios que fuera precisamente yo la llamada a hacerlo. Definitivamente fue un favor de Dios. Les puedo testificar que esto no es lo único que me ha sucedido donde he podido ver el favor y la gracia de Dios.

En muchas ocasiones también he visto cerrarse puertas a las cuales no trato ni siquiera de acercarme o abrir pues, comprendo que son puertas que Dios ha cerrado. Confío en que Dios tiene el control total sobre todo lo que sucede y que Él solo quiere mi bien.

La palabra dice en Romanos 8:28. que todo obra para bien, y así lo creo. ¡Todo obra para bien para los que aman a Dios!

Ejercicio:

1. Describe un momento o etapa en tu vida que te ha provocado temor.

_____

_____

_____

_____

2. ¿Cómo pudiste sobrepasar el temor y llegar al otro lado del puente? ¿Cómo Dios te ayudó en ese momento? Describe qué versículo o pasaje de la Biblia puedes leer cuando sientas temor.

_____

_____

_____

_____

Oración:

Padre, en el nombre poderoso de tu hijo amado Jesús, yo quiero llegar al otro lado del puente, pero me he enfocado en lo que veo y he perdido de vista las cosas importantes.

Enséñame a depender de ti y a tener la seguridad que tú estás conmigo. Que me llevarás de tu mano donde quieres que yo vaya y me cargarás en tus brazos cuando yo sienta que no tengo fuerzas.

Padre, tú eres mi protector y quiero depender de ti totalmente, de la misma forma que un niño depende de su padre.

Gracias Señor, porque sé que tú me escuchas y que estás conmigo. Amén.

VIOLENCIA

Buscando paz, *"Me empujaste con violencia para que cayese, pero me ayudó Jehová"*, **Salmos 118:13**.

Durante estos últimos años, he sido pasada por el fuego. He sufrido una serie de pérdidas que como resultado ha cambiado mi forma de ver muchas cosas. Ahora soy más sensible. Actualmente quiero decirles a otros cuán importantes son en mi vida.

En el 2013 mis padres murieron. En el 2014, mi pastor, quien me formó por 14 años, murió. En el 2016, perdí dos trabajos corridos en cuestión de cuatro meses. Puedo decirles que todo esto sucedió para la gloria de Dios.

En todo ese tiempo, vi Su mano como nunca. No me faltó nada. Ni siquiera ahora sacando cuentas los números me darían algún entendimiento de como pude pagar mis deudas sin estar trabajando. En esos momentos, cuando no existían posibilidades reales para la compra de mi casa, puede hacerlo. Aún más, por su gran misericordia, Dios me sanó de migraña crónica.

En ese momento preciso, no tenía ningún seguro médico y no tomaba medicamentos. Es por lo que estoy segura de que estos no tuvieron nada que ver con la sanidad que recibí cuando tomaba unas clases bíblicas en la Iglesia Manantial de Vida Abundante.

Han sido muchas cosas las que he vivido, pero ¡Aquí estoy de pie! Porque estas batallas ya las peleó mi Padre por mí. Él me tomó de la mano y no me dejó sola ni un momento. Sí, ¡Me ayudó Jehová! ¡Qué bondad tan grande! ¡Qué misericordia infinita! ¡Incomparable es su amor!

Ya, cuando me encontraba en proceso de finalizar este libro, recibí un golpe fuerte del cual no quiero dar detalles. Solo el recordarlo me duele, la herida es muy reciente. Sin embargo, sigo confiando en Dios, sigo creyendo que Él es mi protector.

Solo les voy a decir que, en este mundo, hay personas que te pueden desilusionar, lastimar tu cuerpo, pero nunca podrán tocar tu alma, porque tu alma es de Dios. Sí, claro que duele. Si la herida está muy fresca todavía y cuando la tocas te duele. Hoy te digo, Dios te dará la salida en esta situación, Él te dará el consuelo que necesitas. Recuerda que, aunque Job fue herido con una sarna maligna desde la planta del pie hasta la coronilla de la cabeza, la palabra de Dios nos recalca que él retuvo su integridad.

Ante el quebrantamiento podemos reaccionar de una de dos formas siguientes: o se endurece tu corazón o se quebranta; el quebrantamiento es doloroso, pero trae liberación.

Para que se restaure un corazón, primero éste tiene que conocer cuál es su condición espiritual, por eso el salmista dijo: "mira si hay en mi camino de perversidad'. Tenemos que anhelar cambiar y confesarlo.

Tu actitud en medio de la adversidad va a determinar tu crecimiento. Cuando llegan los vientos contrarios, ¿cuál es tu actitud? Cuando hablamos de vientos contrarios me refiero a cualquier situación que hace que tu crecimiento sea difícil. Así mismo hay vientos que nos impulsan y van en nuestra misma dirección. Estas son situaciones que te ayudan a llegar a tu destino y, por lo tanto, te ayudan a crecer.

Estos vientos que te impulsan son las cosas invisibles, las que no se ven. Lo que haces en medio del quebrantamiento dice más de ti que la misma adversidad que estés atravesando.

El capítulo 27 de Hechos narra cómo Pablo se encontraba en medio de la tormenta. Su condición tal vez no era la mejor, ya que estaba preso. Sin embargo, vemos como en medio de la tormenta el siguió dando ánimo a los demás. Vemos cómo Dios rescató a Pablo y los acompañantes de morir ahogados en el mar. A sí mismo, Dios te va a ayudar a ti también.

El Señor te guardará de todo mal, el guardará tu alma. *Jehová guardará tu salida y tu entrada desde ahora y para siempre"*. Salmos 121:7-8. Cuando vengan vientos contrarios recuerda su promesa: "no te dejaré ni te abandonaré, se fuerte y valiente".

Cristo ya está a las puertas, estamos viviendo un tiempo que ser diligente es más importante, para que nunca te desenfoques. En este momento de dolor, reten tu integridad, no desmayes, porque viene ayuda de camino, tú te levantarás.

¡Dios te bendiga!

Ejercicio:

1. Describe una situación en tu vida donde te lastimaron profundamente.

_____
_____
_____

2. ¿Qué piensas ahora que ha pasado el tiempo?

_____
_____
_____

Oración

Padre, en el nombre poderoso de tu hijo amado Jesús, estoy ante ti pidiéndote que me ayudes en este momento de dolor, donde me han lastimado y me siento impotente ante la situación.

Ayúdame a perdonar, a que no se formen raíces de amargura en mi corazón. Enséñame a perdonar como tú me has perdonado.

Hoy renuncio a todo pensamiento de venganza, de temor, de amargura y dejo todo en tus manos.

La Palabra dice "echa sobre Él Señor tu carga y Él te sustentará, Él nunca permitirá que el justo sea sacudido". Salmos 55:22.

También dice en Mateo 11:28. "venid a mi todos los que estáis cansados y cargados, y yo os haré descansar".

Señor, enséñame a descansar en ti, a tener dominio propio. A entender que este estilo de vida no se trata de emociones, sino de vivir en obediencia y sobre todo a comprender que todo obra para bien. Aunque esté en pedazos tú me levantarás mi Dios, gracias por la fortaleza que me das.

Señor, y que no olvide lo más importante: ¡Que tú me amas!
Amén.

Bibliografía

Arredondo, Juan Pablo, Adolescencia: Como entender a tu hijo, México, 2012.

Biblia Reina Valera 1960

Biblia Traducción Lenguaje Actual

Biblia Las Américas
Glennon, Will, La Inteligencia Emocional de los Niños: Claves para abrir el corazón y la

mente de tu hijo, España, 2002.

Ramos, Jorge, La Ola Latina: ¿Cómo los Hispanos están transformando la Política en Estados Unidos? New York.

Made in the USA
Middletown, DE
24 October 2023

41093100R20051